操控他的想法，攻陷他的心

3次約會就讓他告白！100%成功的「想像」操控術

鶴岡李莎——著
林佩玟——譯

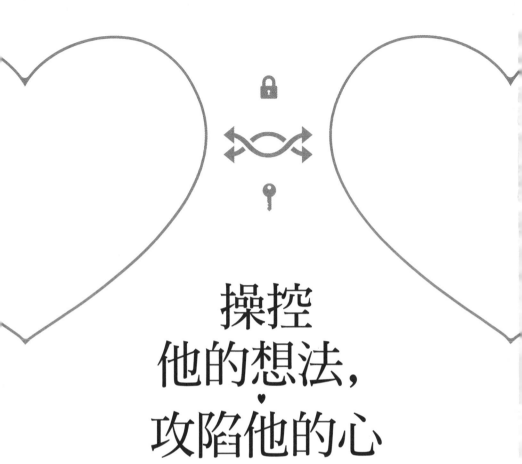

前言
「想像」會將妳和他帶往幸福的未來

妳知道，男性在什麼時候對女性最有好感嗎？

是你們聊天聊得正開心的時候、
看見妳吃飯吃得津津有味的時候、
還是看見妳露出可愛笑容的時候呢？

上述的答案都沒有錯，卻都不是最佳解答。
最佳解答是「**回想起和妳度過的愉快時光，沉浸在餘韻中的時候**」。
當男性沉浸於雙方共度時光的餘韻中，覺得「和她在一起真開心」，或開始想像「下一次要去哪裡好」的約會計劃時，**就是他的「幸福想像」的時刻，這**

時他會覺得「這個女孩真不錯」。

如果男性能夠實際感受到「和這個人在一起會很幸福」，進而意識到這位女性就是自己的真命天女的話，就會將結婚納入考量。

因此，如果想獲得妳的心儀對象青睞，妳該做的就是**讓他實際感受和「妳」在一起會很幸福**。

換句話說，就是**讓他「想像幸福的未來」**。

本書將會一步步解說如何藉由「操控心儀對象的想像」，**在僅僅三次約會中就讓他告白的方法**。

這種「想像」符合大腦的習性，這本書能讓妳將想像的力量發揮到極致。

人類的大腦非常不可思議，一旦訂下了目標或目的地，就會在無意識中搜尋抵達目的地的路徑，自然而然朝著目標前進。

也就是說，只要在他的腦中設定好「有妳一同的幸福未來藍圖」，大腦的構造自然會讓他朝著描繪好的目標前進。

這就是「操控想像」和獲得百分百的愛之間的關聯性。

這裡要稍微談談我的事。

我現在從事戀愛心理顧問一職。

從小學開始，我就不停研究戀愛相關的議題並親身實踐；我用從中獲得的獨特戀愛訣竅，加上「操控想像」的方法，傳授學員「如何開啟一段能修成正果的戀情」。

感謝的是，我獲得了許多自己也甚感驚訝的回饋，例如高達百分之九十八的學員都交到了男友，也不斷有學員傳來對方求婚的消息。

在此分享給讀者來自部分學員的喜悅。

經過第一次、第二次約會之後就被對方告白，已經變成一件理所當然的事。

（35歲，上班族）

以前和男性約會時，因為太在意對方的觀感，所以總是覺得約會很痛苦。現在的我不但交了男友，能夠單純享受約會，同時也能享受到對方的愛。像這樣備受呵護的感覺，我還是第一次體驗到。

（30歲，金融業）

我透過交友軟體和將近二十人約會，獲得一位優質男性向我告白，我們也正式開始交往！我真心覺得感謝！

（32歲，教師）

有很多方法可以操控男性的想像。

從只須稍微改變平常的舉動就做得到的方法，到進一步了解對方的脆弱之處、深入同理他的價值觀等方法，範圍相當廣泛。

本文中會儘可能詳細、仔細地告訴讀者該使用哪種說話方式，以及該如何採取行動。

讀完本書後，請務必嘗試實踐裡面的內容。

如此一來，妳就可以和心儀對象，或是即將相遇的好對象順利開始交往，邁向幸福的未來。

鶴岡李莎

CONTENTS

First Magical Day

CONTENTS

2

Second Magical Day

4個小時的第二次約會
抓住對方的弱點，將「我」烙印在他心上

Third Magical Day

3

9個小時的第三次約會
在他的心中發動最後一擊

CONTENTS

Love Forever

讓對方認定「妳是他最愛的女人」直到永遠

Prologue

序章

過去的戀愛守則已不再管用

「故意拖久一點再回訊息，讓男人追著妳跑。」

「為了成為他身旁女性中的第一名，要好好提升自己。」

以成為他心目中第一名的女性為目標，用盡各種努力與心計才能和對方交往……。

這種用戀愛技巧和努力吸引男性的時代已經結束了。這都是「過去的戀愛」。社會上的男女差距逐漸縮小，由男性領導女性的價值觀已成為陳舊觀念。為了攻陷女性而使出渾身解數的「肉食男」愈來愈少，反而是俗稱「草食男」的男性愈來愈多。而**就算是「現代肉食男」，他們追求的東西也已經和「過去的肉食男」大大不同了**。

在這樣的環境下，如果繼續使用以往的戀愛守則和男性相處，是無法真正順利發展下去的。的確，使用以往的戀愛技巧也交得到男朋友，但這樣的戀情可能只是「表面上看起來很順利」而已。

在這種關係裡，**雙方無法展現自己的真實性格，也就無法「在真正做自己的情況下獲得幸福」**。

「操控想像」讓「修成正果的戀愛」得以成真

以往的戀愛指南中總有許多「耍心計的技巧」，本書則從「操控對方的想像」這種截然不同的觀點切入，解說在共計十六小時的三次約會內，成功跟心儀對象交往所需的訣竅和心態。

「操控想像」，指的是讓男性在腦中自然而然想像「有妳一同的幸福未來」。

在這樣的想像中，有著可讓對方想像出他心目中最理想事物的力量。

只要這樣做，男性就會不知不覺喜歡上妳。

這種想像魔法要在約會途中和約會結束後施展。

例如：有策略地劃分每次約會的時間，讓他想像妳的好。此外，藉由控制去洗手間的時機，讓他回想和妳在一起的每分每秒，或是想像接下來與妳共度的時光，變得愈來愈喜歡妳。

除此之外，這和以往戀愛方式之間的最大差異，就是在操控想像的過程中，能夠觸及雙方的價值觀及生活方式；因此**不僅能攻陷他的心，還可以大幅提高修成正果的機率**。

不使用以往複雜的「耍心計」技巧，也不用和他人比較，痛苦地「磨練自己」。而是能在保有真實自我的前提下，在實際上不到一天的十六小時內，就和理想的男性交往，進而邁向結婚。

讓這一切化為可能的，就是「操控想像」這項訣竅。

「操控想像」就能獲得百分之百的愛!?

「操控想像」是在男性的腦海中「創造與我共度的幸福未來藍圖」。**讓他看見妳所描繪的「兩人的幸福未來藍圖」，向他展示那有多麼美好。**

但大多數女性，都會希望是由男性帶領她們前往「自己描繪的理想未來」。這麼一來，根本沒人知道那份藍圖什麼時候才能完成。

因為絕大多數的男性都沒有在思考未來的事。

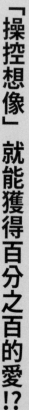

因此，**為了邁向理想的未來，給予男性妳的未來藍圖是一件很重要的事。**

那麼，該怎麼向對方展示這份藍圖呢？我們假設妳是一位設計師，想向對方展示夢想中的房屋設計。

告訴男方：「這間房子的開放式設計，讓人可以自在地生活。而且就算發生地震也可以放心。你覺得如何？想不想住住看呢？」這時男性便會開始思考：「我以前從來沒想過要擁有自己的房子，不過如果是妳的設計，我就會想要買下來住住看。」

將這個換成「幸福的未來藍圖」，就會變成如下的提議：「和我在一起會非常快樂，可以獲得幸福的人生喔。不只是快樂，就算你遇到痛苦或悲傷，我也會都會接納。所以只要和我交往，你就能放心吐露真心。如何？想不想和我在一起呢？」

而他也會這麼想：「我一開始沒有想過要和這位女性交往，但和她共創的未來似乎會很幸福快樂。好想和她交往，一起生活看看。」

當然，因為是雙方的未來藍圖，所以除了妳（設計師）的意見外，也要納入他期望的未來願景相互磨合。

必須詢問對方「為什麼你想這麼做」，再詢問他「這樣你覺得如何」，將對方的意見加入藍圖之中。

三種方式讓他意識到「一輩子」

那麼該如何向男性具體展現「幸福的未來藍圖」呢？

展現的重點有三：「同理・感謝」、「親密感」、「帶點做作的反應」。

❶同理、感謝

不只有男性，人類都會渴望「有人能同理自己」、「有人能接納自己」。

再加上社會經常用男子氣概、堅強程度、經濟能力等來評斷男性，讓男性成為一種自尊心很強的生物。

因此，**比起女性，男性更希望有人能無條件接納他們**。

正因如此，只要妳展現「能接納他的一切」的同理態度，他就會開始思考有妳一同的幸福未來。

此外，對男性而言，「謝謝你陪在身邊」、「還好有你陪著我」這些話就等同於感謝。能夠讓男性強烈感受到自己存在意義的女性，才會讓他覺得能擁有幸福的未來。

❷親密感

親密感是一舉拉近雙方之間距離的重點。**為了讓男性在三次約會內就告白，讓他們感受親密、儘早縮短心靈間的距離尤其重要**。縮短距離的方式有很多種，例如：讓對方看見自己的「破綻」，或是暴露自己「脆弱的一面」等等。

在縮短心靈間的距離時，勢必也需要展現出自己的本質。如此一來，他也會自然展現出自己的本質，雙方便能建立更深層的關係，也就能開啟以結婚為前提的交往。

❸做作的反應

大家對「做作的女生」有什麼樣的觀感呢？應該會覺得是諂媚討好男性的女人，或是愛耍心機的女人吧。雖然最近開始出現一些非負面的解釋，不過還是有許多女性不喜歡這個詞。然而，**「做作的反應」對男性而言是一種「盛情」**。

例如，收到男性送的禮物時，想像一下誇張一點的反應：「好棒！我從來沒收過這麼棒的禮物！你好有品味❤我會一輩子珍藏❤」應該就可以理解了。

妳可能會覺得這種女性「明明就沒有開心成這樣，卻表現得那麼誇張，真是做作」。

但是，如果這是妳送禮給女性朋友時對方的反應呢？比起單純說聲「謝謝」，如果對方告訴妳「我也正好想要護手霜耶！味道好好聞，我真的很高興，超開心的！謝謝♪」的話，妳也會比較開心吧。

「做作的反應」是讓男性想像幸福未來時的精髓，能讓他們產生「只有我才能讓她幸福」的想像。

如果在操控想像時能有意識地注意這三項重點，男性就會自然而然地開始想像和妳共度的幸福未來。妳所描繪的「幸福未來藍圖」也就能浮現在他腦海中，讓他變得「想和妳在一起」。

用十六小時的約會在他的想像中點燃愛火

合計十六小時的三次約會，能夠將「操控想像」的效果放到最大。只要藉著這三次的約會，就能在他心裡烙下妳的倩影。

首先，**「三個小時」的第一次約會（First date）**，是讓雙方聚焦享受約會的最佳時光。

如果第一次就長時間相處，很可能因為注意力渙散而變得意興闌珊。這麼一來，不論前面度過的時光多美好，最後只會留下不好的印象。

為了創造第二次的約會，讓他與妳相處的時光以「快樂」作結非常重要。最適當的時間長度就是「三個小時」。

之後讓他沉浸在「還想和妳在一起」的餘韻中，在下次約會來臨前都能回想起與妳共度的歡樂時光，妳在他的想像中就會成為「好女人」。

「四個小時」的第二次約會（Second date）則能深入雙方的價值觀以及他的脆弱之處、負面的過去以及生活方式。為了達到這個目的，就需要比第一次約會稍長的時間。

不過在此階段，如果讓男性在精神上獲得「充分的滿足」，他可能會覺得「這樣就夠了」，因此時間須控制在四個小時。

最後，**「九個小時」的第三次約會（Third）**，是用來讓對方告白的整日約會。用第三次約會補足前兩次約會稍嫌不足的相處時間，同時給予對方**「和這位女性長時間相處也沒問題」**的安心感。這種安心感是男性會告白與否的重要因素。

而男性在第一次、第二次約會中產生的「也許可以放心和她在一起」的「美好想像」，也可以透過這一天，來讓他實際感受到「（我所想像的）一切都是真的」。**當想像和現實一致時，男性就會確信「（真命天女）就是她了！」進而告白。**

只要像這樣有效運用時間，三次約會就讓男性告白不再是夢想。

接著，下一章開始將解說約會前應該充分理解的心態，以及第一次到第三次約會的具體方式。最後也將傳授給讀者能與對方共度一生的交往原則。

Self Preparation

♥

擁有戀愛主導權的女性
喜歡「透露自己的心意」

「不能讓對方太放心」是騙人的
～透露自己的好感才是贏家♪～

「不能讓男性太放心。」

「謹記要成為讓男性追著跑的女性。」

「男性傾向追求有神祕感的女性。」

妳是不是未經深思就全盤接受這些說詞？

先前已多次提及，這個時代的草食男愈來愈多；即使是肉食男，本質也已和過去有所不同。

對現代男性而言，神祕的女性通常只會讓他們覺得「這個人好像很可怕。追她好像很麻煩，算了」、「還是找個能夠更快到手的對象吧」。

因此必須**「由女性為男性創造」一個讓不願白費力氣追求對象的現代男性，也可以放心告白的環境。**

其中**最重要的就是「透露自己的好感」**。請充分向對方傳達「我喜歡你喔。如果你告白我就會答應喔」的訊息。

男性的自尊心很強，因此很在意「告白失敗會很難看」的面子問題。

「雖然有想交往的對象，但如果被拒絕會很尷尬，所以沒辦法向她告白。如果能知道她怎麼看我，可以百分之百確定她會有答覆，那我就會告白……但如果要背負失敗的風險，那不如不交女朋友，把時間花在自己的興趣上。」

以上就是男性的心聲，所以只要透露妳的「好感」，就能讓男性鼓起告白的勇氣。這不是一件困難的事，只需要向對方傳達自己喜歡的心意就好。隱藏自己的心意、耍心計或是裝神祕反而會讓事情變得難以發展。

「吝於表達愛意」才是不可取的事

男性會想要在一起一輩子的女性，是能帶給他們感「療癒感」和「安全感」的人。可以放心和這位女性相處、和這位女性在一起感覺很療癒，生存在高度忙碌與競爭的社會中的男性而言，就是他們選擇對象時的重點。

❶療癒感

男性可以從和女性沉穩溫暖的肢體互動中，或是女性可愛的舉動之中獲得「療癒感」。

這種「療癒感」和成人與二至三歲的幼兒接觸時的感覺非常相似。若女性能讓男性擁有這種感覺，就能帶給男性他們所追求的「療癒感」。

例如：約會臨別時，說完「謝謝」後握一下對方的手；或是說「久等了」時，輕拍對方肩頭等具體的肢體接觸。

還有遇到有興趣的事物時，向對方傳達自己認為「這個很棒」的純粹心情，都可以帶給對方療癒感（參閱第七十六頁）。

❷安全感

男性如果能知道女性在想什麼，就會產生「安全感」。

「知道對方喜歡自己。」
「知道即使展現脆弱的一面，對方也會喜歡自己。」
「知道對方需要自己。」

這三項就是重點。和能夠持續給予他們這種安全感的女性在一起，男性就會感到幸福。有些人會認為「交往後如果讓對方太有安全感，他就會劈腿」，這是錯誤的想法。

不過，如果感到關係一成不變，有些男性確實會發生劈腿的情形。也許是因為把安全感和一成不變混為一談，才會產生「只要讓男性太有安全感，他就會劈腿」的誤解。但安全感和一成不變完全是兩回事。

事實上，**沒有安全感才會導致關係一成不變**。

「她不再在日常生活中展現愛意。」
「她不再接納我的脆弱了。」
「我已經不知道她是否還需要我。」

如果男性時常有這種感受，在持續無法感覺到喜悅的情況下，他們就會覺得關係一成不變，開始向外尋找更願意接納他們的人。

對男性而言，**能帶來療癒感與安全感的女性，就能夠讓他們有被愛的感覺**。

此外，肢體接觸及給予認同感，也能夠帶給男性存在的意義。若男性感受不到被愛的感覺或自己存在的意義，那麼和那位女性在一起也就失去意義了。因為男性不會想去珍惜不珍惜他們的女性。

「療癒感」和「安全感」是讓妳和他幸福一輩子的關鍵字。

「成為一個好女人」的陷阱

不只在我的學員中，有很多人會覺得「要努力讓自己成為他心目中第一名的女性！」、「如果不變得更可愛，他就不會選擇我」，一般人也大多會這麼想。

但在這些想法中，其實存在很大的陷阱。

和其他女性比較，為了成為他心目中的第一名，想著「我要成為贏過他身邊女性的人」、「我要成為像某某人一樣的美女」，而去努力扮演那樣的人，這一開始也許行得通，但只會漸漸讓自己愈來愈痛苦。人外有人，天外有天，**以成為第一名為目標，或和他人比較，只是一場沒有盡頭的戰爭，到最後只會讓妳覺得自己不夠有魅力**。

此外，想要變得和別人一樣，也代表妳試圖去漠視或忽略自己的個性。妳認為什麼樣的歌手才是有魅力的歌手呢？應該是聲音有個性、歌詞很獨特，或是生活方式很特別等，必定有某些獨特的部分，才會讓妳覺得那個人充滿魅力。如果每位歌手的聲音、歌唱方式、歌詞都相同的話，那麼選擇那個人也就沒有意義了。這兩者意思是相同的。

這當然不是在說「不用努力提升自己」或是「不要努力提升自己」。為了讓自己更有魅力而提升自己是一件好事。

只是，如果提升自己的動機是因為「覺得自己不如其他女性」，或是「想要贏過其他女性」，那麼這樣的過程只會讓妳愈來愈痛苦，也無法讓妳成為讓男性「想共度一生的女性」。

重要的並非「推銷自己」，而是「引導出男性的優點」

一般而言，女性常會認為「只要努力展現自己的好，對方就會喜歡我」，或是「如果我看起來比他身邊的女性優秀、成為第一名的話，他就會選擇我」。

例如，當我問學員：「妳知道他平常的思考方式，或是他最重視什麼嗎？」她們經常回答我：「這麼一說，我好像不太了解他。」有許多人還不瞭解對方，就一廂情願地急於提升自己。

就像先前多次提到，男性喜歡的是願意理解自己、能讓自己展現男子氣概，或是可以讓他放心說出真心話的女性。

因此不論多漂亮、多有女人味，如果不願意聽他說話、不能讓他依靠，或是讓他無法說出真心話，男性是不會將這樣的女性視為真命天女的。

之後也會再詳細說明，**能夠引導出對方男子氣概與本質的方法，就是「展現自己可愛的失敗之處」**。只要讓對方看見妳的脆弱，他也會跟著展現真正的自己，進而拿出自己心裡「想要保護妳」的男子氣概。

如果妳能接受這樣的他，他就會產生安全感，並且覺得和妳在一起很舒服，也就能進一步加深兩人的關係。

此外，讓對方看見妳的脆弱之處，妳也就能展現真實的自己。「引導出對方的男子氣概和本質，展現出真實的自己」，就能產生「妳展現不經矯飾的自己➡對方也展現不經矯飾的自己➡他覺得和妳在一起很舒服➡兩人的感情漸入佳境」這種正向循環。

如果提升自己只是為了得到他的認同，那妳會很痛苦。

1

First Magical Day

3小時的第一次約會
讓他擁有「好心情」，
就能藉機掌握對方的資訊

藉著去洗手間的時機在他心上點把火

首先說明一個能輕易「操控想像」的方法。只要知道這個方法，就能降低「操控想像」的門檻。

這個方法就是「去洗手間」。

很多人會覺得「不過是個洗手間，我自己也知道怎麼去啊！」的確，大家都會去洗手間。

但是看準時機，「有策略地」去洗手間的人可就不多見了。重要的是去洗手間時的「時機」，讓男性在妳去洗手間的那段時間感受妳的美好。

氣氛正熱時故意去洗手間

為了讓男性沉浸在妳的餘韻中，產生「幸福的想像」，在雙方熱絡聊天之後馬上去洗手間最具效果。

正確的時機，是在雙方聊天聊得最熱絡的高峰之後再過一會。**選在高峰之後，也就是他「還想再多聊一點」時去洗手間**。

這麼一來，在妳離開座位的那段時間，他就會沉浸在「好想再多聊一點」、「聊得好開心啊」的餘韻中，產生「等她回來之後要聊這個，她一定會笑出來」的美好想像。

接著他就會發現自己的這些感受，覺得「啊，我好像喜歡上這個女孩了」。

反過來說，若在聊天聊得不夠熱絡時去洗手間的話，男性就會產生「難道是聊天的內容太無趣嗎？」、「場面好像熱不起來，她回來之後該說什麼好」的負面想像，這樣就無法帶給他安全感。

另外，若在話題興頭上去洗手間，會讓男性以為「咦，她是對這個話題沒興趣嗎？」因此要多加注意。

掌控洗手間的人才能掌控戀愛。

引導對方透露資訊，開啟他的戀愛模式

「無法和他進展到第二次約會」，是學員經常詢問我的煩惱。她們的共通點之一，**就是在第一次約會時沒有聊到戀愛的話題**。

就算聊興趣、工作、日常生活聊得很開心，**如果不在對話中加入戀愛的話題，就很難會有第二次約會。**

這是因為男性還沒有開啟「戀愛模式」。

很多人會擔心：「第一次約會就突然談到戀愛的話題，會不會讓男性打退堂鼓？」但如果不在第一次約會聊到戀愛，第二次約會就很難有下文，反而可能會讓兩人變成單純的朋友。妳並不是為了和他成為「朋友」，才騰出寶貴的時間和他約會吧？

那該怎麼在聊天時帶入戀愛的話題呢？訣竅就是對話時以「異性」為主題。

下面介紹我請學員嘗試的實例。

在和透過朋友介紹認識的男性約會時……

「你是從事什麼樣的工作呢？」

←

「工作環境裡應該女生比較多吧？」

←

「有人發展出什麼辦公室戀情嗎？」

←

如果喜歡的人是透過工作認識，和他單獨吃午餐時……

「放假時你都做些什麼呢？」

←

「也有滿多女孩子有這項興趣吧？」

⬅

「你有因此認識過其他興趣相仿的女孩嗎？」

像這樣提到「女生／女孩子」這些詞，就可以自然且輕易地將話題轉向戀愛。

利用這項技巧，即使是過去和男性碰面再多次，都僅止於朋友關係的學員，也開始有朋友或職場同事主動約她出去，或是向她告白。

透過談論戀愛話題，可以**確認他「是否開啟戀愛模式」**，同時也可以**「開啟他的戀愛模式」**，還可以**知道他「喜歡哪種類型的女性」**、**「對於戀愛話題有什麼反應（展現有興趣或是抗拒）」**。

如果和男性只聊興趣，很多時候他們只會將對方劃入「朋友」類別。相反地，只要問他們「你喜歡什麼樣的人？」他們就會想「噢？難道她喜歡我？」

談到「異性」來開啟他的戀愛模式♥

恰當使用「好厲害」和「好可愛」這兩個詞

比起好厲害，用好可愛這個詞更可以拉近心理的距離。因為**男性的深層心理會想和女性撒嬌**。

撒嬌意味著「讓妳看見他的脆弱之處」。男性希望有人能接納自己的脆弱，因此喜歡能讓自己撒嬌的女性。**而這種脆弱，他們只會在擁有足夠親密感的人面前展現**。讓他感受到親密感的關鍵字就是「可愛」這個詞。

男性在小時候也會收到不少「好可愛」的稱讚，因此「可愛」這個詞會讓他回想起自己還很脆弱時，家人或身旁的大人說他「好可愛」並接納他的經驗。所以他們會認為可以向稱讚他「好可愛」的女性撒嬌，而產生親密感。

不少男性會以「自己能否向她撒嬌」，來決定是否要將這位女性視為結婚對

象。在第一次約會用到「好可愛」這個詞，會讓男性覺得「可以放心向這個人撒嬌」。

當然，「好厲害」這個詞也很有用。因為男性同時也是希望被他人依靠的生物，這個詞能夠滿足他想被依靠的渴望。

透過使用好厲害和好可愛這兩個詞，能夠讓男性認為：「和她在一起，我既能當個可靠的男人，又可以和她撒嬌，感覺真好！」

好厲害、好可愛是縮短距離的暗號。

降低妳稱讚人的標準

情路不順遂的女性，多半是完全不稱讚男性的人。

很多人是在對方送禮，或是給她意外的驚喜、做了特別的事時，才第一次稱讚對方。她們多認為「做這些小事是理所當然」、「要是這樣就稱讚他，只會讓他得意忘形」。

但這是錯誤的想法。

稱讚他能帶給他好心情，如果能讓他敞開心房，就可以一口氣縮短距離。**為了持續拉近彼此的距離，就必須持續稱讚對方**。因此，降低稱讚的標準是很重要的，即使是理所當然的事或一點小事，都要記得稱讚對方。

例如，很多女性在對方幫自己倒水時會說聲「謝謝」來表示感謝。但如果是我，就會稱讚對方「謝謝你幫我倒水，你怎麼那麼貼心。」。

當時交往的男友告訴我：「只是在約會時倒水就能受到稱讚，讓我很開心。」

降低稱讚人的標準還有一個重點，就是**不要把重點放在「行為」，而是要放在「行為背後的好感」**。

例如，如果光看「幫你夾沙拉」這個「行為」，就只是一件微不足道的小事；但這個「行為」背後，其實是隱藏著對妳的「好感」。如果妳可以讀懂他用心對待妳，或是女士優先的紳士行為是出自對妳的「好感」，就能自然而然地稱讚他：「你真是個很有紳士風度的人呢。」

不是稱讚東西，而是要稱讚人

當妳要稱讚他配戴或是擁有的東西時，請不要直接稱讚物品，而是稱讚人。

我請無法進展到第二次約會的學員實踐了「不是稱讚東西，而是要稱讚人」這個小訣竅。

例如，對戴著不錯手錶的男性，不要光說「那支手錶很好看」，而是要告訴他：「那支手錶很好看耶，真適合你。你好有品味。」在其他事情上也採用相同做法，經過多次實踐之後，她馬上就進展到第二次約會了。

這種稱讚方式會奏效，原因在於妳實際上不是在稱讚東西，而是稱讚他這個人。

這種方式**不但稱讚了手錶、稱讚了他選擇這款錶的品味，還稱讚了適合這款錶的他本人**。使用這種稱讚方式，能讓男性更加心花怒放。

要稱讚得夠具體

男性如果受到具體的稱讚，就覺得有說服力，這會比單純被稱讚還要開心。不要只說「你好溫柔喔」，而是「你真是溫柔體貼呢，還會幫我夾沙拉。」我很少遇到這種人，覺得你真好」，像這樣**具體稱讚「什麼事」以及「為什麼」**讓妳覺得很溫柔，就是有說服力的稱讚方式。

受到他人稱讚是認知到自己優點的契機。光是這麼做，妳就會成為他珍貴的存在。認知到自己優點的男性會更努力加強那項優點，進而成為一位好男人。

我以前交往過的男友裡，有一位原本完全不會做菜。

我在請他幫忙備料時，因為就不下廚的人而言，他切菜和擺盤的方式都很不錯，於是我便告訴他：「我覺得你很有做菜的天份呢。」

結果過一陣子我再去他家玩，他竟然就準備了親手做的料理。因為調味也很成功，所以我就告訴他：「超級好吃！有很多人就算看著食譜做菜，也很難調味得剛剛好呢，你果然有做菜的天份。」

因為這個契機，原本完全不下廚的他開始研究做菜，甚至變得會在早餐做班乃迪克蛋搭配油醋沙拉，能夠端出賞心悅目又美味的料理。

察覺他的好感，具體稱讚「他這個人」。

讓對方展露笑容
～逗他開心就是我的任務～

讓對方覺得「兩個人在一起很快樂」，對推展對方的戀愛關係而言至關重要。因此**要增加他展露笑容的時間，讓他覺得「和這位女性在一起很快樂」**。

初次約會時，常會因緊張而不知道要講什麼。

有許多學員會來找我商量「不知道該和男性說什麼」的問題。許多女性會覺得好像該說點什麼而努力想話題，卻怎麼想也想不到，因為太焦慮而腦袋一片空白……最後陷入惡性循環。

為了不演變成這種情況，建議妳可以將能用來做為話題的東西事先藏在包包裡。

最容易當成話題的是「**有點怪但又可愛**」的東西。

例如：當地的吉祥物、卡通吊飾等等。**「有點怪」就能帶來笑點**。

我會帶著有吉祥物的筆，或可以無限擠壓的毛豆鑰匙圈吊飾出門。例如在第一次約會用餐，點餐後等待的空檔時，我就會說：「跟你說，我上次買到了這樣的東西！」、「你知道這個嗎？」把東西從包包裡拿出來之後，對方就會說：「我沒看過這種吉祥物耶，好有趣喔」、「那個毛豆吊飾是什麼東西啦（笑）我也想捏捏看！」然後就可以笑成一片。

再從那裡延續話題：「這個毛豆吊飾這樣軟Q軟Q的，捏起來會上癮耶！」或是閒聊東西在哪裡買的，能讓話題愈來愈廣。

如果妳不想被認為是專門蒐集那種東西的怪人，以朋友送的東西當作話題是最好的。這種時候不但有話題可聊，還能給對方「妳是個很珍惜朋友送的東西、十分溫柔的人」的印象。

此外，**男性會覺得珍惜物品的人＝會珍惜感情的人**，因此這也是個加分點。

將男性比喻為可愛的東西

將男性比喻為可愛的東西，是讓他露出笑容的簡單方法之一。

「比喻為可愛的東西」可能會帶有一點貶義，但因為是可愛的東西，所以也不太會招致反感。男性的腦內會無意識地快速閃過「咦？她是不是有點把我當笨蛋？但是很可愛就算了」的想法。

如果想讓他笑得更開心，**建議可以將他比喻成他可能沒被這麼說過的東西**。我以前常說「某某你就像狗狗一樣可愛」，或是「某某你真可愛，簡直像是小動物」。之後對方就會一邊說「有嗎？」一邊開心地笑。

在這裡要注意的是：**一定要加上「可愛」這個詞**。

如果沒有加上「可愛」，根據比喻的東西不同，對方有可能會搞不懂妳是的意思，或是覺得妳在說他壞話。

以刺蝟比喻，如果告訴對方「你的眼睛好圓，好像刺蝟喔」，他會不知道妳在講什麼。

但只要告訴對方「妳的意思是他覺得很可愛」，就算他不太喜歡被比喻的東西，也不至於覺得反感。

還有，說話時帶點「惡作劇」的感覺，可以讓對方覺得妳像天真無邪的少女般可愛。具體來說就是帶著笑臉，天真地告訴他「和你好像」。

例如將對方比喻為小狗，看到小狗時就開玩笑地說：「咦，某某，你在這裡做什麼？」或是「某某的眼睛圓滾滾的，真是可愛。」也許有人會擔心對方可能會生氣，但只要比喻的東西夠可愛，語氣帶點惡作劇，他就會像原諒惡作劇的孩子般包容妳。

「有點瞎的可愛」能創造出樂趣。

創造只屬於兩人的共同語言

創造只屬於妳和他的共同語言就像共享祕密一般，可以增加兩人快樂的時光。

將他比喻為可愛的東西是其中一種做法。將東西的名稱換成其他說法，也是一種創造共同語言的簡單方式。

我推薦學員的方式是將對方從某某先生改為直稱名字，以及用餐時將食物比喻為其他東西取個綽號。

例如，改變稱呼對方的方式：「某某先生，我可以直接叫你某某嗎？」或是將蛋包飯改叫蛋包君、牛肉稱為牛先生等等。

男性是喜歡語言遊戲的生物，所以玩一點這種遊戲他們會很開心（所以喜歡說冷笑話的，有很多是大叔）。

此外，男性也非常喜歡吐槽別人，就像搞笑組合小崇小敏的著名臺詞「你難道是外國人嗎！」（有點懷舊）。所以使用「蛋包君」、「瑪利歐裡的香菇人」這種有點怪的詞彙創造讓他吐槽的機會，雙方就可以聊個不停，共度愉快的時光。

模仿他說話時的個人特色

另外，**如果他說話時的用字很有個人特色，模仿他的特色**也是其中一種手段。如果他來自東京以外的地方，可以試著模仿當地的方言。

假設對方說話有關西腔，妳也可以試著用關西腔說「搞什麼鬼」看看。這麼做他也許會吐槽妳「那個腔調完全不對」。但吐槽就是一個好機會，妳可以說

「教我嘛♥」請他說一次當範例，然後妳再模仿……不停重複這些過程，氣氛就會變得很熱絡。

這個方式是我小時候常因父母調職而轉學，為了讓周遭的人接納我而想出來的技巧。人只要使用相同的語言，就會更容易接納對方。

不用想得太困難，先從簡單的地方開始實踐就好。

原創用詞能讓兩人產生同一國的感覺。

深入挖掘理所當然的事&引起共鳴能讓他擁有好心情

假設妳和他聊跟興趣有關的話題，而他的興趣是溫泉旅行，大部分女性的回應大概如下：

「我也很喜歡溫泉耶！你有推薦哪裡的溫泉嗎？哦～好像很棒耶。你還有其他興趣嗎？」

這種回應方式產生的共鳴很薄弱。

如果想要讓他擁有好心情，重點就是**深入挖掘同一個話題**。不要東一點、西一點拼湊各種話題，而是針對一項他有興趣的東西從頭問到尾，在這些問答中產生共鳴。

這並不是很困難的事。只要掌握一個重點就能深入挖掘，那就是**使用「為什麼／什麼」**，持續往下追問。

現在實際套用在剛才的例子裡看看。

「我也很喜歡溫泉！**為什麼**你喜歡溫泉呢？啊～溫泉的確有很多種，而且各有各的好呢！那你有推薦的溫泉嗎？欸～那裡的溫泉和其他地方有**什麼**不一樣嗎？哦～原來泉質有差這麼多啊！泉質不一樣有**什麼**優點嗎？好厲害喔！你真的很喜歡溫泉耶！」

事實上這個例子還可以更深入。只要不停問「為什麼／什麼」，就能往下挖掘同一個主題。

「為什麼／什麼」問法無論哪種話題都適用，問的是**「原因」**、**「具體的喜好」**、**「相似的東西」**、**「感想」**、**「情境」**。以溫泉為例：

「原因」……為什麼喜歡溫泉

「具體的喜好」……喜歡哪種溫泉、有沒有討厭的溫泉

「相似的東西」……有沒有其他溫泉類似你最喜歡的溫泉

「感想」……最近去過的溫泉感覺如何

「情境」……什麼時候、在哪裡、如何迷上溫泉的，或是什麼時候、在哪裡怎麼去溫泉的

對於這種會詳細詢問自己喜好的女性，男性是如何看待的呢？

「我很高興她問得這麼仔細，而且還那麼有共鳴，如果一起去泡溫泉感覺會很開心。但她這麼感興趣，搞不好是因為我很會講。等等，搞不好是因為她喜歡我……」

他會在腦中展開這類正面的想像。

而且因為是和深入挖掘後的結果產生共鳴，所以這不僅只是對該項興趣的共鳴，更是對他的人格（個性、品格）產生共鳴。

就像「不是稱讚東西，而是要稱讚人」一樣，比起和他的興趣產生共鳴，不如和有著那樣興趣的他產生共鳴，這樣會讓他更開心。

藉由「為什麼／什麼」開心引導出他的價值觀

使用「為什麼／什麼」深入挖掘後會發現，原本只是單純詢問溫泉的事，**最後卻能一併瞭解他對什麼東西有興趣、會對什麼事感動等價值觀**。

如果只是東聊一點、西聊一點，話題廣泛卻不深入，那就沒辦法得知他的價值觀。

了解他的價值觀後，就能應用在第二次以及之後的約會中。

如果他喜歡溫泉的原因是能夠放鬆，第二次約會就可以考慮選擇能放鬆感受大自然的地點。愈深入挖掘對方喜歡溫泉的哪些特點，也許就會發現他其實不是喜歡溫泉本身，而是喜歡觀光。如果是這種情況，約會時選擇到某個地方漫步觀光也很不錯。

只要這樣做，就可以讓第二次約會朝有利的方向發展。

純粹的興趣會讓他這個人一覽無遺。

具備「知識」的女性VS.具備「知性」的女性

有一些女性認為自己知識不夠豐富，無法和對方交談。其實並不需要在意這件事，知識不足反而會讓男性更開心。

因為這樣他們就可以「教妳」。

男性多少都抱持著希望能高女性一等的想法。男性氣息（內心的男子氣概）愈強的人愈有這樣的傾向，教別人新事物這種「高人一等」的行為可以讓男性擁有好心情。因此女性請抱持「我就賞你一個立足點吧」的心態和男性相處。

有些女性會認為**「女性知識不足＝會被人認為頭腦不好」，但這是錯誤的想法**。男性確實會喜歡具備知性美的女性，所以大多不會把頭腦不好的女性視為戀愛對象。

但事實上，**男性所認為的「頭腦不好的女性」，是指「見識狹隘」、「品味**

低俗」的女性，這和有沒有知識沒有太大關係。**男性在女性身上追求的知性，並不是知識，而是「能夠接受多元價值觀的見識」**。

這是我訪問多位男性後得到的結論。

所以即使知識不豐富，只要能夠對男性的話題抱有興趣、專心聆聽，並產生共鳴，就是「具備知性的女性」，是能夠讓男性覺得自己有地位，帶給他們好心情的好女人。

不需要為了讓自己看起來很知性而硬是填充知識。

稍微誇張的反應才是剛剛好

男性在初次見面時會**「強烈想得知對方的感受以讓自己放心」**。為了讓他放心，必須放大言語以及肢體動作的反應。

言語上的反應可以使用「喔喔我知道」、「的確會這樣耶」等表達共鳴的肯定句。這麼做，不但會讓男性在聊天時心情很好，也可以讓他放心。

而肢體動作方面，可以笑出聲或是一邊微笑、一邊大力點頭贊同。藉由這些動作，男性可以感受到「她很認真聽我說話」、「她對我說的話很有興趣」，而放下心來。

只要像這樣**以言語傳達聽覺、以肢體動作傳達視覺上的共鳴及快樂喜悅，男性就會放下心來**。

處於緊張狀態或是沒有自信時容易放不開，因此有意識地做出稍微誇張一點的反應，從對方眼中看來反倒會剛剛好。

只要這樣做就能讓對方敞開心房

雖然說要稍微反應過度，但並不是大驚小怪。只需要將平常的反應稍微加強就可以了。

接下來介紹我實際使用之後效果顯著的方式。

❶笑的時候拍手

這是很好的反應。但是太過盡情拍手會很像歐吉桑，所以只要無聲地輕拍就可以了。

❷ 笑的時候兩手合掌放在唇邊

①和②都是動作很大看起來卻很有氣質的特別反應。

❸ 驚訝時張大眼睛

❹ 嘴裡說著「嗯、嗯」，一邊點頭、一邊聽對方說話

只需要像①到④這樣一點小動作，就可以帶給對方十足的好印象。另外，在應和的用語方面：

❺「不愧是、我都不知道、好厲害、真有品味、是這樣呀」

❻「然後呢然後呢？」、「你真是辛苦了」

⑤取其日文第一個字發音，是日本大眾常常使用的「sa、shi、su、se、so」心法。而我也確實感受到它的效果。

除此之外，再加上⑥的「然後呢然後呢？」反應，表達對話題的興趣，以及「你真是辛苦了」在負面話題上給予同理的回應，男性就會愉快地跟妳聊天。

只需要這麼做，他對妳的印象就會更上一層樓。

反應的強度增加三成，好感度也會增加三成。

向對方尋求純粹的認同

「這個很可愛吧！」、「這個很好吃吧！」

女性這種向對方尋求認同的行為會讓男性覺得「很可愛」。

在向對方尋求認同的同時讓對方覺得可愛是有訣竅的，那就是：

「我這麼認為（和他怎麼想沒有關係）」

也就是提出個人純粹的意見（自己真正的想法）。也許有人會覺得這是強迫對方認同自己的意見，但其實並非如此。

男性會感受到對方強迫自己認同的情況，指的是女性說「很好吃吧！（你也快說很好吃啊！）」、「這個很可愛吧！（如果你不說很可愛我會很傷心）」

這種**很在意對方的意見又要求要有同感的狀況**。這會讓他們感覺受到強迫。

人類是很不可思議的生物，即使沒有說出口，這種強迫感仍會傳達給對方，讓對方留下不容說不的印象。

當我使用尋求對方認同的語句時，我會一邊想著他有什麼意見都沒關係，一邊說：**「這個很好吃吧！咦？不好吃嗎？這樣啊！我倒是覺得很好吃呢～❤」**

這麼做就會無關對方實際上怎麼想，產生一種純粹的感覺。

就像自己有自己的意見，對方也有自己的意見。如果只認可所有事情都要和自己有同感的人，那就只能和自己的同類交往了。這麼一來兩個人在一起就無法成長，也沒有意義。

當對方沒有同感時，**可以再加上詢問對方意見的語句**。

「很好吃吧？咦？不好吃嗎？這樣啊！我倒是覺得很好吃呢～❤**那某某你喜歡什麼樣的口味？**」

「很可愛吧？咦？不可愛嗎？**那你喜歡哪一種類型的衣服？**」

如此一來就可以將對話持續下去，也能讓對方覺得「她對我有興趣」。

另外，就算覺得對方怎麼想都沒關係，**針對自己的「思考方式」尋求認同也會給人強迫感**，因此要多加注意。

如果聽到「做人一定要孝順父母對吧？」感覺就會像是話者硬要將思考方式套用在自己身上。

而一旦否定對方思考方式或價值觀，就等於否定那個人本身，會讓回答的一方感到為難。

因此尋求認同很重要的一點是，**講的必須是不屬於思考方式或價值觀的東西。**

「這個冰淇淋很好吃吧！」這是妳對冰淇淋的評價，就算否定這一點，對他而言也只是否定了那個冰淇淋，而不是否定妳這個人。

純粹會創造出可愛的感覺，讓男性因此愛上妳。

在對方談論自己的喜好時看著他的眼睛

在聽對方講話時，要注意以下三個重點。

❶在聆聽他談論自己的喜好時，看著他的眼睛

❷肚臍以上的身體轉向他的方向

❸和他做相同的動作

①的看著他的眼睛聆聽，會大大左右對方聊天的心情好壞。但意外地，有很多人會因為害羞而不敢直視對方的眼睛，這類型的人可以嘗試看著對方的眉心。有一位學員非常怕生，沒有辦法直視男性的眼睛，聽說在試了這個方法之後，男性對她的反應就變好了。

②這點尤其在雙方坐在斜對角位置時要特別注意。如果是並排坐的話，就算身體只有稍微面向他那邊也沒關係。

③是利用心理學的鏡像模仿（mirroring）技巧。藉由像鏡子一樣做和對方相同的動作，可以讓對方產生親近感，或是讓對方覺得彼此很合拍。一般常見的方式是在他喝一口飲料之後馬上喝，或是模仿他的動作；不過如果連**說話的聲音大小**也模仿對方的話，男性會覺得妳更容易親近、相處起來更輕鬆。

透過聆聽對方說話的姿勢讓他有好心情。

不明說「結婚」，但讓他意識到「結婚」這件事

如果希望第三次約會之前的互動可以讓妳邁向結婚，就必須在第一次約會時就進入他的「結婚對象分類」中。

因為男性會將女性分為「朋友」、「玩玩的對象」、「戀愛對象」、「結婚對象」等類別，一旦進入其中一項類別，往後就很難再改變了。

所以只要妳有任何一點想和他以結婚為前提交往的念頭，就必須**在談話中不用到「結婚相關詞彙（會讓對方聯想到結婚的詞）」的情況下，讓他想像婚後的生活**。

學員經常問我：「第一次約會就談到結婚，不會被對方認為這個女人很逼人而退避三舍嗎？」如果是用「結婚」這個詞，的確會讓人覺得很沉重。正因如此，

才不能直接說出相關詞彙，而是要談話中拋出會讓對方逕自聯想到結婚的關鍵字。

在談及未來的話題中讓「我」登場

一開始先聊和結婚無關的「未來的話題」。

在這個未來的話題中，敘述一些可以讓他想像婚後生活的情境。然後讓「我」在他的想像中登場。

我：「某某你將來有想要住在哪裡嗎？」

他：「這個嘛，想住在海邊看看。」

我：「住海邊好好喔～真棒♪　如果海邊有咖啡廳，可以一邊看海景、一邊像現在這樣喝杯茶就太完美了！」

藉由這些對話，在他的腦海中創造「和我在一起的未來想像」，妳就會變成他「考慮未來在一起的對象」。

這麼一來，妳就會更容易進入「結婚對象分類」中。

大家覺得如何？只要用這種方式，就能夠毫不沉重地讓他自然想像婚後生活。如果沒頭沒腦地突然問對方：「你想和什麼樣的對象結婚呢？」會讓男性有所戒備。

使用「工作」、「想住的地方」等話題連結未來，會是比較簡單的方式。

第三次約會就被對方告白，交往四個月後受到對方求婚的一位學員說，她在第一次約會去水族館時聊到了未來。她以水族館內的兒童為話題，聊到未來的孩子，以及想要飼養的寵物等話題。

而對方向她表示：「感覺妳可以成為一位好太太。」能夠在四個月就獲得對方求婚，正是因為她成功讓他想像自己登場的未來，並且在初期就進入了「結婚對象分類」中。

如果不贊同他的未來藍圖，該怎麼做？

在和對方談論未來時，有時可能會無法贊同他的意見。這種時候，**就詢問對方想要這麼做的理由。**

某一位學員心儀的男性曾說「我想住在國外」，但該位學員則是想住在日本。

這種時候不能以「住在國外很辛苦」來否定男性的意見，而是應該詢問對方為什麼想住國外，聽聽他背後的理由。

這麼一來，**就可以知道他真正追求的東西**。

上述那位男性的理由是「喜歡家庭派對」。家庭派對在國外是很常見的事，他喜歡那種氣氛。也就是說他追求的是「舉辦家庭派對」，而這件事在日本也可以實現。

了解這點的學員就不需要在當下去否定對方「想去國外」的想法。

談論未來的話題時，經常讓女性感到衝擊的事情是男性表示「不想生小孩」。事實上我也曾屢次聽到男性這麼對我說。但是詢問過對方原因之後，他們表示是因為「不希望工作受到影響」、「想要有自己的時間」。

如果是這些原因，**只要在交往過程中讓對方了解，他的這些期望即使有小孩也可以實現，就能夠解決了**。

所以不需要在這個階段就否定男性對未來的想法，也不需要對這些想法感到失望。

利用「未來的話題」就能輕鬆讓對方意識到結婚。

男性說「沒打算結婚」時不用當真

前一節也稍微提過，在正式交往前的階段，即使男方說「我還沒辦法想像結婚這件事」，也不需要太過在意。

男性所說的「沒打算結婚」，和「有時間就參加」這句話一樣不可靠。

原因在於「沒打算結婚」指的是「他『現在』的想法」，未來如何還不知道。即使是交往之前說沒打算結婚的男性，也有許多在交往後馬上決定結婚的案例。

重點在於**如何不經意地讓對方意識到結婚這件事**。

如果女性內心焦急地想著「好想早點結婚！快點向我求婚！」離結婚就會愈來愈遠。最糟糕的情況下，為對方還有可能因為感受到這種沉重的想法，而單方面提出分手。

如果對方說「暫時沒有結婚的打算」、「一輩子都不打算結婚」的話，那該怎麼做比較好？

這種時候就**反問對方「這樣啊！為什麼不打算結婚呢？」聽聽他的原因**。藉由聽他說明原因，就能了解他對婚姻的哪個部分感到抗拒。

聽他說明原因之後，爽快地回他：「原來如此！是這樣子啊～♥」

根據半年內即達陣結婚的學員所述，她對於自己想結婚的心願只是輕輕帶過，之後在約會時選擇附設婚宴會場的餐廳，讓男方更容易具體想像結婚這件事。

簡言之，**關鍵不在於向對方表達妳有多想結婚，而是對方有多想和妳結婚。對方的想法只有他自己才能決定。**

心裡愈焦急，妳與他步入禮堂之路就愈遙遠。

忍不住焦急時，就仔細想想妳是想現在馬上和「某人」結婚，還是即使需要稍微等待，也想和「那個他」結婚。

如果時間是一項重要因素的話，那麼就必須思考無法和那個他結婚的可能性，並試著考慮和其他對象的可行性。

要「從容不迫」且不焦急，才能往結婚邁進。

為自己定下時限

第一次約會在三個小時內結束是最恰當的長度。

原因有兩個。

第一個原因是，**連續聊天五、六個小時，會忘記聊過什麼內容**。

第一次約會的目的之一，在於觸及對方的內在，了解對方會受到什麼事情感動、討厭什麼事情等，以找出第二次約會及之後約會的線索。

許多女性太過在意如何展現出最好的自己，或是該如何讓對方留下好印象；然而，**如何了解對方才是最重要的事**，特別是在第一次約會時。畢竟如果不知道對方對什麼東西感興趣，就無法得知聊什麼話題才能炒熱氣氛。在第一次約會時，要儘可能打探出對方感興趣的東西以及擅長的領域，讓對方能夠開心聊天。

當然，為了讓對方也對妳產生興趣，不能只是呆呆地聽，也要聊聊妳對什麼事情有興趣。「他有興趣的事、他擅長的領域的話題」以及「他對我的興趣」，這兩項重點決定了你們是否能聊得愉快。

但好不容易深入探詢得到的資訊，要是忘了就沒有意義了。考量到緊接在第一次約會結束後的聯繫，以及第二次約會時要聊的內容，就必須牢牢記住第一次約會時獲得的「他的情報」。

第二個原因是**在約會氣氛正熱烈，「還想要繼續多待一會」時結束，可以讓對方停留在美好的印象中**。

這和本章開頭解說過的，透過洗手間施展的技巧原理相同。這可以讓他產生愉快的想像，覺得「這位女性真不錯」。

很少人是在一開始就相處五六個小時，到最後都還能維持熱烈氣氛且意猶未盡的。

更糟的情況是雙方都開始感到疲憊，最後對話有一搭沒一搭，因而意興闌珊。如果只留下這樣的印象給對方，很有可能無法製造出第二次約會的契機。

「意猶未盡」才是製造下一次約會的精髓。

約會後二十分鐘內傳ＬＩＮＥ訊息

約會尾聲留下的印象非常重要。要讓對方在最後回顧今天的約會時感到「啊——今天的約會真開心！」

為了達到這個目標，如果ＬＩＮＥ訊息只有「今天很謝謝你」，就未免太過輕描淡寫，也沒辦法告訴對方好在哪裡。

因此，**傳ＬＩＮＥ時要想像電影的片尾名單畫面**。

電影的片尾名單經常會節選精采畫面或是ＮＧ花絮等有趣的部分。這麼做可以讓觀眾看片尾名單時在腦海中重新剪輯該部電影，感到「噢，這部電影真好看！」

同理，約會之後的ＬＩＮＥ訊息也一樣，要具體描述他的優點及妳的感受之後再發送。

「某某今天謝謝你（❀´ε`❀）今天從早上開始就一直走錯路，真的很不好意思。你願意這樣等我，真是個溫柔的人。吃飯時也和我講了很多好笑的話題，我覺得很有趣（>ε^）你高中朋友的那件事真的超好笑！謝謝你最後還送我到車站。已經很晚了，回家時要小心喔♥我現在已經在期待下次見面了（*´◡`*）」

透過閱讀這則訊息，他的大腦會重新剪輯今天約會的亮點，而感到「好開心啊～下次還想再見面！」我就收過對方回覆如下的訊息。

「李莎，今天謝謝妳。吃飯的時候我也聊得很開心，笑到嘴巴好痛。尤其是妳聽到我高中的事笑得那麼開心，我覺得很高興。我也很想再見面好好聊聊^^妳下次什麼時候有空？」

還有，在這則ＬＩＮＥ訊息裡使用可以傳達開心和快樂感受的表情符號也很重要。

基本上LINE訊息的長短要配合對方，對方長就長，對方短就短。但是這種約會結束後的LINE，即使對方平常的訊息都只會回大概一行，這時候回對方五～六行也沒關係。

藉由這種方式，可以讓對方認為：「她平常回給我的訊息都很短，這次寫這麼多，代表她今天也很開心吧。」

用電影片尾式的LINE訊息讓他的想像不斷膨脹。

這樣做就能成為「讓男人心癢癢的女人」

使用三十丹以下的黑色絲襪進攻

三十丹以下的黑色透膚絲襪（以下簡稱黑色絲襪）是讓男性感受到女性魅力的最強單品。

黑色絲襪的重點在於「若隱若現的透明感」，以及「明明是黑色卻看得見肌膚的衝突感」，這在男性的眼中充滿了魅力。

另外，許多男性喜歡「清純型的女性」。也許妳會想：「也有一些男性是喜歡艷麗型的女性吧？」不過如果要選真命天女，帶有「清純氣質」的女性才符合他們的標準。

兼具「透明感」、「衝突感」、「清純氣質」這三種特質的，就是黑色絲襪。

根據穿了黑色絲襪的學員所言，黑色絲襪獲得「看起來很成熟好看」、「看起來很性感，很不錯」的稱讚，頗受周遭男性及男友好評。

同樣是黑色，不透明的黑色褲襪就不行。

另外，如果夏天穿不住黑色絲襪就不需要穿襪子。而穿涼鞋時，記得一定要塗腳指甲油。

飾品

男性是一種會想要保護女性的生物，而讓男人這麼想的要素在於「柔弱感」。接下來介紹**利用飾品讓對方感受到這股「柔弱感」的方法**。

❶ 貼膚墜飾（細鍊條的項鍊）

為了突顯女性美麗焦點的鎖骨及脖頸，只要戴上貼膚墜飾就能帶出優雅的氣質，也能強調柔弱感。

按摩鎖骨處可以讓鎖骨更突出，因此在約會當天早上，不妨仔細按摩一番。

❷ 耳環

挑選耳環時有些小訣竅。我推薦能夠撩撥男性本能的「垂吊式耳環」。

在古早時代，男性是專門負責狩獵，因此據說他們「對於會動的東西很有反應」。「會動的東西＝獵物」，因此能引發他們的興趣。這種男性本能至今似乎依然存在，許多男性看見垂吊式耳環便會小鹿亂撞（據說裙襬飄揚的寬襬裙也有異曲同工之妙）。請儘量選擇細緻有柔弱感的款式。

眼神的表現

為了讓男性覺得妳很可愛，妳的雙眸是重要關鍵。

這和單眼皮、雙眼皮，或是眼睛大小沒有關係。每一種眼型都有讓男性覺得很可愛的方法，那就是讓眼睛看起來水汪汪。

水汪汪的眼睛看起來很可愛的原因，只要看看小嬰兒就可以明白了。

小嬰兒為了生存，必須讓他人覺得自己很可愛，願意小心呵護自己。所以小嬰兒的眼睛會看起來閃閃發光，充滿水潤感。**看到水汪汪的眼睛就自然覺得「可愛」，是人類的本能。**

經常有人說「女性哭泣是一種狡猾的手段」。這雖然是因為女性一流淚，男性就會舉手投降，但另一個原因則是因為淚水增加了眼睛的潤澤度，會讓對方覺得很可愛。

因此，在約會即將見面前，或是每次補妝時，不妨滴幾滴眼藥水潤澤雙眼。如此就能讓對方留下「感覺好可愛啊」的第一印象。

水汪汪的雙眸也是生命力的象徵。**「閃閃動人的眼睛＝富有生命力＝有繁殖能力」**，這也可以吸引男性的生物本能。

香味

香水是另一項讓男性感受魅力的小道具。香味會在瞬間影響大腦。

香味經常令人回想起某個人。某些人應該會有「啊，這香味是前男友的味道」而感到懷念的經驗。**香味可以連結到身上帶有這種味道的人，或是聞到香味當時的記憶及情感；在很多時候，只要聞到相同的味道，對那個人的回憶便會湧**

上心頭。香味在人的記憶中就是如此有影響力。

一樣是香水，實際上有許多不同種類。我最推薦的是玫瑰花香。這種香味具有穩定女性荷爾蒙的功效。可以的話，請儘量選擇天然原料製作的產品。

香水該噴在哪裡也有訣竅。天氣寒冷時香味不易擴散，因此要噴在脖子及手腕；天氣炎熱時香味容易擴散，因此要噴在胸口及腹部附近。香味切勿過於濃烈，出門前二十分鐘噴灑是最佳時機。

女人味是可以被創造出來的。

2

Second Magical Day

♥

4個小時的第二次約會
抓住對方的弱點，
將「我」烙印在他心上

受現代男性喜愛的女性真實樣貌

「男性握有主導權」已經是相當陳舊的價值觀。現代女性的社會地位提升，男性也跟著產生了變化。配合現今的實際狀態，以及男女之間的平衡來改變相處方式非常重要。

現代男性中認為戀愛應該由男性主導，或是大男人主義的人已經大幅減少。原因在於他們也明白，在現代社會裡，**回歸家庭、重視小孩的男性可以獲得較高評價**。

雖然讓男性有面子也很重要，但女性只能跟在男性身後的傳統小女人時代可說已經結束了。

正面的任性最討人喜歡

不論對方問什麼，只會回答「都可以啊」、「交給你決定」，會讓對方覺得「妳不在乎和我在一起的這段時間嗎？」現代男性認為「**女性沒有意見＝不在乎＝不在乎自己**」。

正因現在是這樣的時代，因此女性不能只是順從男性，還必須明確表達「我」的意見。

表達自己的想法或意見，換句話說就是「討人喜歡的任性」。**因此，愈是明確表達自己的意見，愈會受到男性喜愛。**

基本上，男性被女性逗得開心就會感到高興，讓女性開心則能讓他們感受到自己的存在價值。**許多男性的幸福指數（滿足感）並非來自和多可愛的女孩子在一起，而是取決於對方是否感到開心。**

因此，如果女性不表達出「我想這麼做、我喜歡這個」的意見，**男性便會不知道該怎樣才能讓她開心，而感到不安**。

尤其是戀愛經驗不夠豐富的男性，更會有這種傾向。

那麼具體而言，該怎麼表達自己的意見呢？

首先，**一定要讓男性知道妳想去的約會場所，或是想吃的餐廳**。萬一對方不接受妳的意見，也不要否定他，而是要聽聽他的想法。

相反地，當對方接受妳的意見時，要感謝他、讓他清楚知道妳的開心。

有許多男性曾告訴我：「我以前一直很沒自信，但是和妳在一起，我就覺得自己變成了一個好男人。這讓我感到很幸福，想永遠和妳在一起。」

這就是表達意見，也就是討人喜歡的任性帶來的效果。

此外，透過這樣做，**也就能得知對方的為人如何**。

對於女性「我想要那麼做」的任性，對方的反應會是「那就照妳說的做吧！」或是「嗯~我想要做別的事，有沒有皆大歡喜的方法呢？」還是「我不要」呢？

根據某位學員所言，曾經有位男性在她說「我想要去草莓甜點吃到飽♪」時，回答「那個我無法」，然後就沒下文了。

的確，收到那種回答當下可能會受到打擊。但是仔細想想，該位男性對於女性表達的意見既不表示贊同，也不打算商量，就只是提出反對，光是了解這點就是相當大的收穫了。

如果在對這點一無所知的情況下和對方交往，「覺得差不多可以表達自己的意見了吧，結果說出口之後就被對方拒絕」，這樣反而是浪費時間。

只是有一點希望各位注意，**請不要表現出因為「不安」或「焦躁」等負面情**

緒而產生的任性。這只是單純的任性，只會被男性負面解讀。

「（既然喜歡我那就）去我想去的地方嘛！」

「（如果不知道你正在做什麼，我就會覺得不安，所以）想要你多跟我聯繫！」類似這樣的例子。

想要去想去的地方，或是希望對方多跟妳聯繫本身並不是一件壞事。只是如果和前述例子一樣是基於不安才這樣的話，只要這個想法沒有獲得實現，女性便會感到更加不安或是憤怒，又或陷入「原來你已經不喜歡我了」的重度失落中。

這個樣子最後會讓男性感到厭煩。

就算沒有做到這種程度，一旦對方感受到女性想要控制男性的負面能量，就會覺得這種任性很沉重。如果不是出自純粹心願的任性，就無法受到男性喜愛。

討人喜歡的任性會讓他「像個男人」。

在第二次約會用餐時「啊～」地餵對方

一開始對方應該會拒絕，不過實際操作時不需要發出「啊～」的聲音。問對方「要不要吃這個？」將菜餚夾到他嘴邊，讓他吃下去即可。

這對男性而言是出於預料的行為。女性做出不在男性預設範圍內的舉動，會讓男性對該位女性開始感興趣。

而且問對方「要不要吃這個」，並餵他吃的這個動作不會讓男性感到不快，反而給人純真的感覺。就算不是餐點，口香糖之類的東西也可以。

這麼做的話，對方的嘴唇可能會碰到自己的手指。嘴唇和手指接觸是種令人臉紅心跳的舉動，男性會為這類的動作感到興奮。

男性非常喜歡兩個人從兩端吃Pocky的「Pocky遊戲」，這個原理和上述所提相同。如果碰到對方的嘴唇，就想成「好感度上升了，太幸運啦♥」吧。

應該有很多女性會覺得「這種事我做不來！」

但首先，我們要認清事實：沒有男性會因為女性的這種舉動而退縮。也許有些人會因為意料之外的行為而嚇一跳，但會為此感到開心的人絕對比較多。

做這件事也不需要裝可愛。只需要問對方要不要吃，然後夾到他嘴邊即可。

這個動作本身就會讓男性覺得很可愛。想像成餵小嬰兒吃飯的感覺試試看吧。

淡定的「啊～」出乎他的意料之外。

第二次約會最大的任務是「牽手」

在第二次或第三次約會獲得對方告白的學員，**可以說每個都有和對方牽手**。

雖說是牽手，但也不需要做到十指交扣或緊緊挽著對方的手。只要抓著對方的袖口，或是輕輕抓著對方的手肘附近就可以了。

地點建議在用餐後前往車站的路上、走在擁擠的人群中、或是在水族館或動物園裡約會時。

牽手對男性而言，**代表「她喜歡我」，對於讓他付諸告白能推上相當大的一把**。有些男性甚至會覺得「在那當下沒有告白反而顯得我很遜！」

對於難以主動牽對方手的女性，不妨利用人潮洶湧、一片混亂時趁機牽上去。只要在閃避對向走來的人時往他的方向靠過去，抓住他的衣袖或手肘就可以了。

如果他問妳怎麼突然做出這樣的舉動，就回問他：「對不起，因為前面正好有人走過來。你不喜歡嗎？」萬一對方說不喜歡，就乾脆地放棄。不過幾乎不會有男性出現這種回應。

如果對方是說「不討厭，只是嚇了一跳」，或是「不討厭，但覺得很不好意思」，那麼就笑著回他「是嗎？」並繼續抓著他。因為對方說了「不討厭」。

之後要是對方還是覺得不好意思而希望妳放手，那就乾脆地放手。不過這時候不需要誤認為「被討厭了」而受到打擊。

對方並不是討厭妳，而是「覺得不好意思」，只要按照字面上的意思解讀就好了。

喝酒後牽手的注意要點

喝酒後若想牽手必須特別注意。

因為不好意思和對方牽手，就想**趁著酒意牽手是大忌**。

原因在於，這種做法缺乏健康正向和純真。

我們想要傳達給對方的訊息是**「我是因為想和你牽手，所以才和你牽手」**，而不是「因為我喝醉了，所以才和你牽手」。借助酒意除了給人不太正經的感覺，還會讓男性感到不安：「她是不是只要一喝醉，不管對象是誰，都可以像這樣牽手或有肢體碰觸？」也許對方會認為妳是一夜情玩玩的最佳對象，但不會成為他的真命天女。

若想在第三次約會讓對方告白，因為喝酒導致的失敗將會是一大硬傷。

牽手能縮短的是兩個人心的距離。

讓他吐露脆弱並接納他，男人就再也離不開妳

最近決定結婚的學員來找我商量煩惱。

似乎是婚事決定之後，對方向她吐露心聲：「雖然我之前都說工作一向很順利，但其實我的人際關係不是很好，一直為此煩惱。」而該位學員因為不知道該如何是好，所以什麼話也沒說。

首先，在這種時候應該要回應對方：

「也是，人際關係真的很困難呢。」

「你雖然為了人際關係煩惱，但還是很努力呢。」

藉由這些話語**接納他的脆弱才是正確的做法**。

從這個例子中，可以了解男性的兩種心理。

第一個是：**男性是非常在意他人評價的生物**。

男性尤其在意工作方面的評價。他們有一種近似強迫症的觀念，認為自己「一定要成為一個工作能力出色的男人。」

另外他們還認為「表現出自己的脆弱，就不像個男人。」所以言談間總是說自己工作很順利。

第二個是：**在男性內心深處，仍然希望有人可以接納自己的脆弱**。

為什麼會還在這個時間點吐露脆弱的部分呢？

那是因為在他的內心裡認為：「她是願意接納自己的存在。」（可說正因如此，才會決定結婚）

他會特別期望即將共度一生的女性「可以接納自己的脆弱」。希望回到家時可以很安心，偶爾吐露脆弱時可以獲得接納，聽到一聲「你辛苦了」。

所以**只要向他傳達出「我是可以接納你的脆弱的女性」，他就會將妳當作結婚對象或真命天女**。

正因如此，在第二次約會中，最重要的就是引導出男性脆弱的部分，並接納他。

引導出脆弱部分的「負面經驗談」

要讓對方打開心房、展露他的脆弱，**首先也必須展現自己的脆弱之處**。

雖然說是展現自己的脆弱，也不能講些會讓對方苦惱的事情。**負面但可以一笑置之的經驗是最佳選擇**。

我經常使用的負面經驗有「受邀在婚禮致詞，結果緊張到忘記要講什麼」，或是「把包包忘在電車裡，結果只好到終點站領回」。

這類的經驗**可以說得稍微誇張一點，或是給它一個完整的結尾**：「我把包包忘在電車裡，後來只好到終點站領回，結果是個大叔拿著那個包包出來。」

其他還有「我完全記不住別人的名字和生日，之前還搞錯主管的名字。但是我馬上就記住○○你的名字了喔♥」，像這樣**加上對他的好感更好**。

相反地，針對容貌等自己感到自卑的脆弱之處，則會讓男性感到苦惱。

例如「我長得不好看，所以才不受歡迎吧」，或是「我很胖，所以很討厭看到自己的身體」這種就不行。

首先，**這會讓男性不知道該如何回答才好**。如果他附和妳「真的耶」，就等於在贊同妳長得不好看；而且就算想提供建議，也不知該從何說起。

此外，如果是正在發生的現在進行式，不論怎麼表達都會給人「妳希望對方說『才沒這回事』的感覺」。因此，不會讓男性感到困擾的負面經驗**最好是過去發生的事**。

對於對方沉重的脆弱之處或對過去事件的反應重點

實際傾聽對方的負面經驗時，應該表現出什麼樣的反應才好呢？最重要的一點如同先前所述，要接納他的脆弱之處。

只要意識到以下三點做出回應，就能傳達出妳接納他。

❶「原來是這樣啊」接納他，而不是同情他

NG➡同情他「好可憐喔」

❷感謝他「謝謝你告訴我這麼重要的事」

NG➡道歉「對不起（讓你說出這些事）……」

❸不要評論或給建議

NG⬇對方沒有要求卻給建議

同理對方的脆弱和同情是兩回事。

人類在聽到沉重的負面經驗時，**常常不知不覺給予同情，而不是同理**。

另外還有些人會反省自己，覺得「讓對方說出這麼難過的事很抱歉。」但男性是透過取悅女性來找到自身價值的生物。對他們而言，讓女性擔心是**「讓女性顧慮到自己的心情＝自己有失體面」**。

另外一個經常出現的情況，是對於男性所說的事自以為好心而給予建議。雖然給予建議的一方會覺得自己是出於善意，但男性聽在耳裡心情可不會好到哪裡去。

「展現脆弱＝希望妳接納我」的信號。

利用洗手間，輕鬆提出第三次約會邀約

「下次還想和他約會，但卻很難說出口，如果被拒絕就會打擊太大，所以沒辦法主動邀他……」

總算進展到第二次約會，但卻沒有勇氣提出用來讓對方告白的整日約會（第三次約會）……**只要利用洗手間，就可以解決這個煩惱。**

我們假設下一次想去動物園。這時候就利用從洗手間回來的時機，跟對方說：「對了，我剛剛才想到，你知道某個動物園嗎？我從以前就想去那裡看看。」

像這樣「突然想到」，就可以輕鬆提出建議。

只要以輕鬆的態度提議，不可思議地，對方也會輕鬆地回應：「噢，聽起來不錯耶！」

在想要提出邀約但卻開不了口的時候，只要裝成是「在洗手間裡突然想到的」，就可以輕鬆帶到讓對方告白的第三次約會。

從洗手間回來的時候是絕佳時機。

告訴對方妳覺得他很棒的地方

第一次約會時是稱讚他的行為及動作；第二次約會則是在分享雙方共創的回憶，或是從他提及過去經驗中讚美他的內在。

例如當他談到曾經在樂團中擔任樂手時，不要說「你玩過樂團嗎？好帥喔！」而是要說：

「雖然你說玩樂團很開心，不過我覺得你重視當時的朋友，認真看待人生的生活方式更帥氣。」

「雖然你小時候有過痛苦的回憶，但你努力想要克服的樣子，還有因困難而苦惱的樣子都充滿人性，讓人覺得很有魅力。」

類似這樣，不是只說「他做的事情很棒」，而是要說「他為自己做的事感到驕傲這點很棒」，**讚美時要聚焦在他的內在。**

不論什麼時候，男性都希望對方稱讚的是「他」這個人。

向對方傳達感謝之意

稱讚這個行為會給人概括而論的「意見」、「評價」的印象。其中包含了「我覺得很棒，其他人一定也覺得很棒」的意思。另外，這也是在「評價」對方的舉動及內在。

換言之，**稱讚這個行為主要是以「對方」為主**。

另一方面，感謝則是「我」對於對方的舉動表現出的行為。因此相較於稱讚，感謝並不是概括而論，而是能強烈感受到說話者純粹的情感。我覺得「真心誠意的比例」會比較高。

這麼一想，比起稱讚對方，感謝對方更能傳達出真誠的情感，能讓人感受到不同於稱讚、誠實且純粹的一面，男性會因此受到吸引。

在感謝對方時希望大家謹記一個原則，那就是「經常且一再」。許多人對一項行為只會表達一次謝意，第二次之後就不再表現出自己的感謝了。

假設對方在餐廳裡幫我們倒水。一開始每個人都會回以「謝謝」。第二次倒水時也可能還有百分之五十的人會道謝，但第三次呢？到了第四次大概只剩下約百分之二十的人會說「謝謝」了。

建議各位每當對方為妳做一件事，就回報以一聲「謝謝」，隨時隨地且反覆表達。只要反覆感謝對方為妳做的事，**他就會覺得自己可以討妳歡心，發現自己的存在價值而感到開心**。不需要特意尋找對方其他的善意表現。

另外，經常有人問我「不知道該對他做的哪些行為道謝」，「道謝」這件事沒有什麼正確答案，只要妳有感謝之意就可以說。

不過當妳對對方的善意之舉習以為常時，就很難找出想要感謝他的地方。

遇到這種時候，我曾經練習在一天內找出一百個值得感謝之處，並告訴對方。結果「謝謝」就逐漸就變成我的口頭禪了。

只要持之以恆，心境就會在不知不覺中轉變，讓妳對微不足道的小事也能常保感謝之意。

要「經常且一再」表達感謝之意。

想成為真命天女的妳務必遵守的鐵則

大前提是，在正式交往之前絕對不可以到對方家裡，也不能過夜。不過我也切身了解只要對方邀約，就會忍不住答應的女性心理。

因此，我們要學會不把場面弄僵、可愛的拒絕方式。

「我們如果開始交往的話，我想去你家看看呢。」

這樣就能用可愛的方式向對方傳達：「在交往之前，我是不會去你家的。」即使對方回妳「那我們就交往吧！」也不能因此答應去他家。

告訴他：「謝謝你。可是我今天沒有帶補妝的東西，之後帶齊了再去吧。」這時候對方可能會使出甜言蜜語：「是嗎？可是我真的很喜歡像妳那麼溫柔，又那麼有趣的人呢。我想要妳今天留下來陪我，不行嗎？」當然是不行。

這麼堅決不到對方家去的原因之一，**是為了趕走蒼蠅**。

當妳展現如此堅決的態度，如果對方的目的真的是肉體關係，他就會覺得「這女人真難搞」，之後可能就不會再和妳聯繫了。

和以肉體關係為目標接近妳的人交往也不會幸福。**妳的目標應該不是徒具形式的交往才對**。

此外，即使對方一開始的目的只是為了肉體關係，但在我們展現「我不是逢場作戲」的態度之後，他也有可能轉為認真思考。萬一女性被花言巧語所騙，容許了對方的逢場作戲，最後只會淪落為玩玩即丟的女人。

「一不小心就跟他回家了」背後隱藏的機制

接下來要說明「一不小心就跟他回家了」的心理陷阱。

❶「要是現在拒絕他可能會被討厭……」

這種感覺源於自信心低落。「像我這種人，沒資格拒絕男性的邀約」，或是「像我這種沒價值的女人，如果不獻出身體可能會被討厭」，都是這種心理在作祟。

❷「為了排遣寂寞」

在很久沒有和男性出門約會，或是酒後眷戀他人的溫暖而感到寂寞時，特別容易落入這種心理陷阱。

❸覺得「算了，沒差」什麼也沒想

其實這也是源於自信心不足。再深入探究「算了，沒差」這個反應，其實就是「（不過是我的身體）算了，沒差」。無法珍惜自己的身體，就是對自己沒自信，或是找不到自我價值的證據。

❹「對於對方的邀約感到高興」

乍看之下是個正向的想法，但這也是來自於自信心低落。「謝謝你邀請我，我很開心」，這句話換個說法就是「謝謝你需要我」。當然不論是誰，受到他人的需要都會很開心，但之所以會覺得「對方想要我的身體＝對方需要我，所以我很開心」，是因為太執著於「被需要」這件事。

基於以上這些心理，一旦收到男性的邀約，就會很難拒絕對方而答應。

然而，要對抗這些心理是一件非常困難的事。即使理性上很清楚，情感上卻沒辦法這麼輕易做到。

正因如此，**從一開始就定下「即使對方邀約也不去他家」的原則，就顯得非**

常重要。事先擬定「如果他邀我，我就這樣回應」，等到實際遇見這樣的情況時，就可以遵照自己的原則應對了。

人類是脆弱的生物，所以要事先訂下原則。

3

Third Magical Day

♥

9個小時的第三次約會
在他的心中發動最後一擊

從白天到夜晚，享受整日時光

第一次和第二次約會的重點在於不要毫無保留地展現自己，在短時間內結束約會，讓對方對妳留下興趣。

男性會在第三次約會時努力探究妳是不是真的適合他。

因此，利用整日的約會，讓他感受兩人相處時的自在；換言之，**讓他感受到即使和妳長時間相處也沒問題，當他放心了之後就會確信「這位女性很不錯」**。

長時間相處判斷是否合適

整日的約會以九個小時長度最為適中。時段諸如早上十一點到晚上八點、下午兩點到晚上十一點等等，有各種選擇。不論如何安排，建議從中午開始橫跨到晚餐結束。

原因在於**從明亮的白天到幽暗的夜晚，光線的明暗變化會使兩人共度的時間體感比實際上更長**。這麼做也可以讓對方了解道：「即使和她從早相處到晚也沒有問題」。

長時間相處時的重點在於**談論自己的事**。

「該怎麼一起度過那麼長的時間？」會這麼想的人有一些共通點，就是「不談論自己」、「不表露情感」、「太過小心翼翼」、「不說好笑的事」。

這麼一想，只要做與上述相反的事，就可以輕鬆度過一整天。

只要有意談論自己的事，真的會有無限的話題可以聊。

像是小時候發生了這件事、以前發生那種事，當時的想法等等，光是這些話題就可以聊很久。

有時間聽對方聊聊他自己，也有時間外出遊玩、體驗或欣賞各種事物，一整天的時間倏忽即逝。

不知道該聊什麼的人，正確來說是處於「不確定聊這種話題好不好」的狀態。「雖然預設好話題了，但聊這個好嗎？會不會很無聊啊？能不能吸引他？會不會被他討厭？」等等，胡思亂想了一大堆，結果什麼也沒說出口。

如果是很沉重的話題，或是比較低俗的話題、說別人壞話等等，確實是不要說比較好，**但除了這些極端的話題以外，聊什麼都沒關係**。

即使是妳認為「好像很無趣」的話題，對方畢竟不是妳，也許會對這個話題感到開心或驚奇，**這時就能創造屬於兩人的歡樂時光**。

如何辨別「彼此不太適合」的感覺

當感覺彼此相處起來有異樣，或是覺得彼此不合適時，如果發生的情況在往後的相處過程中是有可能改變的（例如：他不願意為妳做某些事等等），或是對自己沒有太大影響（例如：興趣、音樂等），就不需要在意。

但如果這種異樣的感覺，指的是對店員態度惡劣、隨手亂丟垃圾等精神暴力或缺乏社會常識等情況，就必須慎重考慮是否繼續下一次的約會了。

不願意為妳做某些事，例如：不會禮讓女士優先等情況，**多半是男性不知道怎麼做才會讓女性開心**。只要告訴對方妳希望他怎麼做，他因此改變的可能性很高。重要的是，**當妳坦率地告訴他「希望他禮讓女士優先」時，他願不願意接受妳的意見並做出改變**。

然而亂丟垃圾或精神暴力是「明知不可為而為之」。這些行為並不是妳教導或是告訴對方，他就能馬上給予回應。如果他並非出於自願改變，情況就不會改善，還會耗費許多時間。

「整日的約會」足以決定妳的未來。

約會時選擇自然景觀豐富的地點或有體驗活動的場所

選擇這類型地點的理由在於**能讓對方感覺妳和他的關係「很健康」**。

請大家想像一下，兩人一邊賞楓一邊散步，和兩人在光線昏暗的酒吧裡啜飲雞尾酒，兩者的氛圍差很多對吧？

比起在昏暗的酒吧見面，漫步賞楓很明顯給人健康的形象（雖然只是形象而已……）。

如果對方認為很健康，他就會覺得「這位女性好像很真誠」、「似乎只會喜歡我一個人」而感到放心。男性只要覺得「這位女性搞不好有其他對象」就可能感到不安，覺得不該將那位女性當作真命天女。

因此切記：不可給予對方周旋於各個男性之間的印象。

擅於逢場作戲的男性帶妳去完時尚的酒吧後就會順勢前往旅館。這類型的男性不太像是白天會在公園裡聊天的人對吧。

而在水族館「這隻魚好像你喔，好可愛」、「才沒這回事。妳看那邊那條魚好像妳」、「咦~好過份喔！呵呵」像這樣度過一天，則能給人非常健康的形象。共度這樣的時光，便可以**讓對方認為「我們可以擁有健康的戀愛關係」**。

對於在白天的大自然中見面的女性，男性不太會產生「她好像周旋在很多男人之間」的想法。

事實上以我本身的經驗，只和男性吃飯約會，和**安排整日約會，兩者最後走**

向告白的成功率完全不同。

也曾經有人說：

「其實一開始我以為妳是個愛玩的女生，沒想到會和我像這樣散步約會，意外是個正經的人。」

「不只有吃飯，還有整天約會時在途經的公園裡單純閒聊，不知為何這段時間讓我很安心。」

此外，**透過體驗活動讓兩人產生共同感，留在記憶中所產生的效果，以及忙於工作的男女「特意」安排時間，在白天進行的長時間約會，都會使那天成為珍貴的一天**。

我推薦貓頭鷹咖啡廳、刺蝟咖啡廳、拖曳傘、水族館和動物園等地點。前三個地點對許多人而言是初次體驗，充滿新鮮感，對於留下共同體驗的回憶很有幫助；而水族館和動物園有很多參觀景點，有利於整日約會順暢進行。

不過，如同第二次約會時提過的，不論約會時間多長，絕對不可以過夜，這點請多注意。

「健康的關係」是通往成為真命天女的捷徑。

以周遭的家庭為話題，讓他想像婚後生活

在第三次約會時要談及有關家庭的話題。

不過要突然冒出家庭的話題非常困難，而且帶有風險。所以，在約會時如果看見一家人出遊，可以用：

「小孩子真可愛。那個男孩應該是哥哥吧？不過總覺得妹妹看起來比較穩重呢。」

類似這樣的方式帶到家庭的話題。

或者是到水族館或動物園，看見成群結隊的動物時，就將牠們比喻成一個家庭以開啟話題。

我之前在水族館觀賞企鵝時，和當時的對象這麼說過：

「那兩隻企鵝不知道是不是夫妻，附近小隻的是牠們的孩子嗎？這麼活潑好動，企鵝爸爸們感覺真辛苦呢。」

像這樣**藉由將動物比喻為家庭，讓男性開始產生想像**。

這時那位對象說：

「雖然我以前從來沒想過將來的家庭之類的，但如果小孩像這些企鵝一樣，可能會很辛苦吧。不過又好像每天都會有新鮮事，一定很歡樂。」

第一次約會時雖然也聊過未來的話題，不過到了第三次約會，**因為眼前實際存在動物家庭，男性會更真實意識到「家庭是真的存在」、「原來將來會有這樣的可能性」**。

另外，**當他和妳一起談論家庭的話題時，就代表他接納了「家庭」這個概念**。因為分享了婚姻觀、家庭觀，因而產生共同感，拉近彼此心理的距離。

需要注意的是，請避免實際使用到「結婚」這個詞，這點在第一次約會時也一樣。

如果說出類似「結婚之後你想要幾個孩子？」這種話，男性便會感到些許沉重（如果雙方是在聯誼或婚姻介紹所，這種彼此都是以結婚為前提的場合認識的就沒關係）。

利用周遭的家庭引發想像。

至少創造一小時什麼事都不做的「純聊天」時間

在交往或是結婚之後，一定會遇到沒有特定的行程，只是待在家裡度過兩人時光，或是單純只想要悠閒地陪在對方身邊的時候。

如何讓男性感受到，即使在這種時候，妳都是可以安心相處的人，是一件非常重要的事。

一旦讓對方有「什麼都不做，只有純聊天的話實在很難熬」，或「什麼都不做地長時間待在一起，太無聊了」的想法，便很難走向告白。

為了不讓事情演變至此，就要在整日的約會中創造**至少一個小時**純粹只是休息，或是純粹只是閒聊的時間，讓男性認為「如果是和她在一起，就算什麼都不做也可以安心相處」。

告訴對方：

「我已經走得有點累了，要不要買點飲料到那邊的椅子上坐一下？」

「我覺得有點累了，想找間咖啡店喝東西。」

然後留在那裡閒聊至少一個小時。

實際做到這點的學員是在第二次約會時到瞭望臺去，在那裡和她的對象度過兩個小時。兩人放空地看著大海，一邊有一搭沒一搭地聊著第一次見面時的情景，還有第一次約會時在餐廳的回憶。

結果對方就在當天稍晚向她告白，兩人進而開始交往。聽說對方曾表示：「不知不覺就聊了兩個小時，能夠什麼都不做地過兩個小時，讓我覺得可以安心和妳交往。」

所以**能夠長時間安心相處，對男性而言，是他們希望交往的對象能具備且相當重要的條件**。只要交往時間一長，不可能總是擁有特定目的、情緒高昂地相處。

在這段「純聊天的時間」裡，話題不必很熱絡。只需要聊聊一些回憶，靜靜地度過悠閒時光就好。

回憶從初次見面至今的點點滴滴

回憶和他從初次見面至今的點點滴滴，是最適合「純聊天」時使用的話題。

例如「第一次約會時雖然有點緊張，但因為你很隨和，讓我鬆了口氣」、「那時候的ＬＩＮＥ讓我笑了好久」、「我們一起去過的那間餐廳氣氛很好，是一間很棒的店耶」等等，重新回顧並共享你們相遇至今的回憶。

這麼做，可以讓他擁有彷彿兩人是一對情侶的感覺。

如果**只是單純的異性友人，不會傾訴屬於兩人的回憶**。因此他會意識到「**傾**

訴回憶＝至少是朋友以上的存在」。

另外，一起回想正面的回憶，對方也會再次意識到兩人至今相處的快樂時光。而現在這樣度過「純聊天的時間」，會讓他認為：「和她在一起不但快樂，心情也很平靜，感覺之後也可以繼續交往。」

共享正面的過往回憶

回想完兩人至今的點滴之後，下一步就是引導他分享過往的正面回憶。

「你到目前為止，覺得最快樂的時光是什麼時候？大學？還是高中？」

「為什麼你覺得那時候最快樂？」

問對方這些問題，之後再深入挖掘他開始訴說的快樂回憶，並給予共鳴。

讓他感到快樂的回憶可想見是他人生的亮點。是對那個人而言重要的內心部分。

如果能和對方分享讓自己留下強烈印象的重要回憶，且獲得共鳴，就會覺得對方讓人很安心，相處起來很舒服。

另外，當人們在述說回憶時，回想起的不只是事實本身，還有那時的情感。藉由和妳在一起時，讓他回想起當時的興奮感以及快樂的感受，他就會產生錯覺：「只要和妳在一起，心情就會很好。」

讓「我」出現在過往的回憶裡

第一次約會時，已經讓妳出現在對方的未來裡了，而第三次約會，則要**讓妳**

出現在他的過往回憶裡。

這種時候，要在腦海裡具體描繪出他當時情境的影像。

女性：「至今為止你最快樂的時光是什麼時候？大學嗎？」

男性：「應該是高中吧。」

女性：「原來高中的時候！像是社團活動之類的？」

男性：「不是，文化祭的時候我們組了一個樂團上臺表演。那時候超開心的。」

女性：「樂團表演啊！你那時是主唱？」

男性：「嗯，一邊唱歌還要一邊彈吉他。我們那時唱的是Mr. Children的歌，氣氛很嗨很開心。」

女性：「聽起來好像很歡樂！如果我跟你同高中，一定會去看那場演出！我覺得我會和朋友站在第一排尖叫。」

像這樣對話，當時的情境就會成為鮮活的影像，在他的腦海中描繪出妳就站在第一排，和女性朋友聽著樂團演出的想像。

這麼一來，**妳便可以出現在他快樂的回憶中，兩人的距離也會因此更接近。**

除此之外，他會在想像中感受到妳彷彿站在現場注視著自己，因此共享回憶的感覺也就更加強烈。

出現在他的過去裡，住進他的心！

由女性安排告白的情境

就算男性想著「好想告白啊」，一整天盤算適當時機，只要沒有恰當的地點和時間，就有可能不會告白。在這種時候，有不少人不會再想著「下次約會一定要成功」，而是熱情逐漸消退，就這樣減少聯繫，最後不了了之。

另外，即使男性有意告白，他們也經常沒有準備好告白的情境，因此由女方來安排這樣的環境很重要。

創造讓他比較容易告白的情境

大部分獲得男性告白的學員，都是在約會結束時被告白的。也就是說，在整日的約會進入尾聲時，「如何創造男性比較容易告白的氣氛」相當重要。**而容易告白的一大要件就是「昏暗」**。

夜晚四周暗下來之後，相較白天更不易清楚看見對方。這麼一來，就不用在意他人的眼光，可以專心在眼前的事情上，**更容易「自我開示」**。

集中精神在「自己（他）」與「妳」身上，認真思考「與妳的關係」，更容易踏出邁向告白的一步，也能降低這種需要拋開面子的行為的門檻。

選擇有氣氛的場所

促使他告白的場所，最佳的選擇是「昏暗且他人的視線稀少的地方」。

從結論而言，就是餐廳以外的地方。像是能欣賞夜景的瞭望臺、公園的長椅等，都是被告白機率較高的推薦地點。如果是開車兜風約會，車子裡沒有其他人的視線，且又是在他的地盤上，會讓他更安心。

問他「要不要去散散步」，當兩人一邊聊天、一邊散步時，偶然發現有座公園（其實正如妳的計劃）；或是說「想去看夜景」，誘導他前往事先調查好的瞭望臺，或可以看到夜景的地方。

這些場所不但**昏暗、少有來自他人的視線，更有告白時必需的「氣氛」**。男性是愛面子的生物，他們會選擇「在這裡告白可以『很有面子』的地點」。

包廂昏暗、氣氛又好的餐廳乍看之下滿足了所有條件，但做為告白場所，這不太是個好選擇。因為有「店員」的存在。

男方好不容易下定決心告白，或是正在告白時，店員卻進到包廂詢問「需不需要點餐？」或是「現在是我們的最後點餐時間。」有可能發生這樣的事。因此**最好不要安排讓對方在餐廳裡告白**。

當然也有人是在餐廳裡被告白的，所以在選擇晚上用餐地點時，就選擇**可提供包廂，且燈光昏暗、氣氛沉穩的餐廳**吧。

比肩而坐度過兩人時光

想要讓對方告白，就安排兩人比肩而坐吧。

要看著對方的眼睛開口說出難以啟齒的內容，是一件很困難的事。反而會導致他更緊張而難以告白。

兩人比肩而坐的優點是可以不用看著對方的臉，也更容易有肢體上的接觸。

可以肩靠著肩、頭靠著肩，或是在笑起來時肩膀彼此輕輕碰撞。比肩而坐可以更容易達成以上的肢體接觸。

肢體接觸是讓對方感受到性魅力最恰當的方式。些微的接觸會讓男性「渴望進一步的接觸」。**「渴望進一步的接觸＝感受到性魅力＝喜歡」**。

由女性安排告白的舞臺。

讓對方希望擁有進一步關係

先前已重複多次，在交往之前切勿到對方家裡去，不過**讓對方感受到想「帶妳回家」的「性魅力」也很重要**。

因此肢體接觸便不可等閒視之。

尤其**比起言語，許多男性更常透過肢體接觸表達愛意**，因此希望各位多注意這一點。

另外，是否感受到性魅力也和夜晚的氣氛營造有直接關聯。是否想和對方產生肢體接觸、是否感受到性魅力，這都關聯到是否想和這個人交往。

此外，**女性願意讓自己有肢體接觸，會讓男性感覺到「被愛」**。

進行肢體接觸時老套的方式反而最具效果。

像是拍掉身上的頭髮或衣服上的髒東西，又或是揮掉起眼睛下方沾到的睫毛等等，雖然老套但好用。

我至今問過的男性都表示，最有效果的肢體接觸就是**「將頭靠在男性的肩膀上」**。男性認為女性將頭輕靠在自己的肩膀上，是個很有女人味的動作。因為女性的頭位置比自己低，所以他們會意識到自己比較優越，或是容易產生想要保護對方的心情，而且臉也靠得很近，能瞬間感受到女性的性魅力。

還有，男性認為洗髮精的香甜氣味非常具有女性魅力。因為這和「透明感」一樣，都是男性缺乏的東西。因此，約會當天早上一定要先洗頭再出門。

肢體接觸會帶給他告白的勇氣。

從洗手間回來時是給出「最後一擊」的好時機

想讓對方感受到性魅力，還有一個方法是利用洗手間。

晚上用餐時，大家應該都會使用洗手間吧。從洗手間回座位的時候，如果男性是背對洗手間坐著的話，就**從他身後一邊說「我回來了」，一邊輕輕將手搭在他的肩上**。

如果妳的位子在他的左右兩邊，就直接回到位子上。如果妳的位子在他的對面，那就進一步推波助瀾。一邊看著他的眼睛，一邊有意識地緩緩坐下，向他微微一笑。這樣就完美了。

透過一邊看著他的眼睛，一邊緩緩坐下的這個動作，能讓男性感受到妳的女人味及溫柔嫵媚。事實上，我的胸部尺寸不大不小，身高也不高，光以外在條件而言實在遠稱不上性感。但自從我留意這樣的姿勢和動作之後，就開始受到男性稱讚「妳很嫵媚」、「舉手投足很性感」。

男性所感受到的性感和身體部位沒有關係，他們是靠「氣氛」在感受。

補妝時的小心機

在洗手間補妝是件再平常不過的事，但有個稍微不同的補妝方法，非常簡單又可以給予他本能上的刺激。

那就是「改變唇膏的顏色」。

這時候，為了從白天的臉搖身變為夜晚的臉，就改用紅色系的唇膏吧。因為在黑暗的夜晚裡，濃豔一點的顏色看起來更美。

透過給予視覺上的變化，**會讓他更加在意妳**。

利用濃豔的唇膏讓他墜入愛河❤

讓對方認為妳最喜歡他

比起和自己心目中第一名的女性交往，**男性更希望自己成為女性心中的第一名**。

經常可以聽到有女性認為「男人都喜歡當第一，所以我要努力成為第一名的女性」，不過這只對了一半。

男性的確是喜歡第一，但這是指他們自己要成為第一。**他們並非「想要得到第一名的東西」，而是要「自己成為第一名」才會感到有價值**。

就算和自己周遭最可愛的女性交往，第一名的也是該位女性，並非「自己是第一名」。所以**如何讓男性認為「我是那女孩心中的第一名」非常重要**。

要讓男性這麼認為，最簡單的方法就是告訴他：「我最喜歡你了。」

「你是我至今遇過的男生裡最溫柔的人。」

「你最近對我說過的話裡，『妳很可愛』這句話最讓我開心，謝謝你！」

像這樣透過稱讚、感謝或是同理的方式，就可以清楚將心意傳達給對方（也不一定要使用到「最」這個字）。

除了言語傳達，在約會時總是保持笑容，或是開心興奮的樣子，也可以讓男性感受到「他是第一名」。

這是因為他們看到開心興奮的女性，會覺得「和我在一起，她好像很幸福」。換句話說就是「只有我能讓她最幸福」。

透過言語、動作或是表情表達「因為有你，我才能這麼幸福」，男性就會認為「只有我能讓她最幸福」。

對男性而言，比起外表再怎麼可愛的女性，可以讓自己有這種想法的女性更具魅力。

能夠將他擺在第一的女性才會成為他的最愛。

讓競爭對手登場

如同先前所述，透露妳喜歡他，讓他覺得「我是她最喜歡的人」雖然是個大前提，但在其中加點調味，讓他一窺還有「可能會成為競爭對手的男性」存在，會使男性下定決心告白。

訣竅就是**在對話中傳達出「我所處的環境有機會遇見其他男性」**。

「我之前和一群同期的男女同事去喝酒，感覺好像回到大學時光，真開心。」

「我在朋友的婚禮上遇見高中朋友，大家一起去續攤，超嗨的。」

用像這樣的內容讓對方察覺其他男性的存在。

不過，**有一點希望大家注意，就是聽起來不可以只有孤男寡女兩人見面的感覺**。表達時一定要讓對方知道這是三人以上見面的場合。

要是讓對方誤以為是兩人單獨見面，就如先前所述，比起焦急，男性可能更會感到「她是不是不喜歡我」而陷入不安之中，進而對於告白一事裹足不前。因此只是「一起玩樂的一群人之中也有男性」這件事很重要。

根據實踐這點，在第二次約會時就被對方她告白的學員所述，當時她的對象和她說：「我不想看到妳被其他男人搶走，所以就告白了。」

許多男性在感受到「可以放心告白」的安心感，和知道存在「可能會成為競爭對手的男性」之後，便會下定決心告白。

稍微透露其他男性的存在，給予他小小的刺激。

不要試圖控制對方

到這裡，我已傳授了讓男性對妳告白的各種計劃。

但也是有一些男性不吃這一套。

和對方說「一起去散步吧」，結果對方回應「外面很冷，我不太想去」；或是邀他去可以看夜景的瞭望臺，但對方說「我怕高……」而拒絕等等。

這種時候要是太在意「要讓他告白」，而強迫對方「一下下就好了，一起去嘛！走啦！」勉強想達成原定計劃，是一件NG的行為。

太急著採取行動，會讓男性感覺「被控制」。

男性經常表示「討厭充滿束縛感的女性」。更精確地說，他們討厭的是被控制。

男性擁有支配女性的本能欲望，希望對方受到自己的影響。他們之所以偏好單純的女性，或是男女交往經驗和性經驗少的女性，也是源自於男性的支配欲。若女性反過來支配男性，就會造成他們的厭惡感。

因此，不要勉強實行讓對方告白的約會計劃，而是先接受對方的意見。請重視當下和該位男性之間的氣氛。

即使計劃無法如預期進行也不要著急，冷靜地接受。

傳送「可以告白喔♥」的暗號

男性是自尊心強又膽小的生物。既然要告白，他們就絕對不想失敗。因此就算在第一到第三次的約會中都完美達成該做的事，最後告白的場所也無可挑剔，還是有許多男性依然開不了口。

就像我已強調過很多次的，想讓男性告白，就一定要讓他們感到絕對安心。男性的狀態就像站在高空彈跳跳臺上，「三、二、一……我還是不敢跳啊～好可怕」一樣。即使身上繫著安全繩索，下方還鋪有安全防護網，心裡明知道怎麼跳都沒關係，但就是跳不下去。

這種時候，**為了讓他不會感受到一絲一毫的不安，在這個最終階段，妳所能做的就是帶著笑容看著他。**

請在心裡一邊默念「你可以告白沒關係」，一邊帶著笑容看向對方。（兩人處於並排位置時）妳要不時身體向前傾，一邊看向他，並且臉上帶著笑容。

相反地，如果妳因為「不知道他會不會告白」而露出不安的表情，便會影響到對方，讓他感到不安：「我可以向她告白嗎？」因此，請妳相信他，並透過笑容帶給他安心的感覺。

創造靜默的空白時間

創造靜默的空白時間，給對方下定決心告白的時間。

如果因為討厭靜默而一直不停說話，就會剝奪他告白的時機。

如果不給他們一段空白時間，有些男性就會認為：「這是為了不讓我有機會告白吧。」

所以在最後兩人共度的時光裡，不需要說太多話，注重一下靜默的時間吧。

透過句尾加上愛心符號的「怎麼了♥」推他一把

靜默之後如果出現數次的「嗯——」，表示告白只差臨門一腳了。

當他搔搔臉頰，或坐立難安，代表告白的臺詞已經快脫口而出。這種時候，妳就帶著微笑問他：

「怎麼了♥」

不可以一臉擔心地問「怎麼了？」一定要從頭到尾都帶著笑容問他，並在心中**抱著「你想告白對吧♥可以唷♥」的想法**。

這句「怎麼了♥」會讓男性察覺：「這表示她知道我要告白了吧！」如此一來，他就會知道「現在就只差我說出口了」。

透過「你有喜歡的人嗎？」這句話給予最後一擊

如果到了這個地步對方還是不告白，就必須使出最後的殺手鐧。

「你有喜歡的人嗎？」

男性聽到這句話之後，告白就不再是件難事，因為這就像是告白的固定模式一樣。

「你有喜歡的人嗎？」

「嗯，其實我喜歡妳。」

類似這樣可說是固定臺詞了。只要順著女方的話講就好，對男性而言可以輕鬆開口告白。

雖然感覺上根本是妳向他告白，不過對方告白時還是回覆「咦？你說真的嗎？我好高興！」表現出妳的開心吧。

就讓對方認為他是靠自己的力量跳了高空彈跳吧。

如果對方一直不告白，眼看就要回家了

萬一對方一直不告白，眼看就快抵達車站時，就在快到車站前暫停一下吧。停下來拍拍他的肩膀，嘴裡輕聲對他說「那個……」之後就保持沉默。看著他的臉，在內心問：「這樣就要回去了嗎？」這樣妳的心聲便會伴隨表情傳達給他。

如果他問「怎麼了？」就說「沒有，沒什麼。」繼續往前走。走幾步之後再次停下腳步，輕聲說道「那個……」。

也可以問他：「你是不是忘了什麼事？」

總之，直到最後一刻都要持續給他告白的機會。持之以恆地對他發送「可以告白喔♥」的暗號。

最終他一定會注意到妳的暗號。

不屈不撓地安排告白情境。

Love Forever

♥

讓對方認定
「妳是他最愛的女人」
直到永遠

即使開始交往，也只算是假性男友

通常交往後能維持三個月就可以持續下去，或是交往三個月就會進入倦怠期，總之，三個月是一個階段。

我自己也和多位男性交往過，其中不少人也是在三個月後就分手了。經過我個人研究，可以歸納為兩個原因：

❶人在交往三個月後就會露出本性

時間和金錢的使用方式、對待戀人的方式、與雙親的關係、交友關係、對工作的想法等等，差不多在交往三個月後就會開始改變，或是出現他至今不曾展現給妳看的一面。

也就是說前三個月他都是在「偽裝自己」。所以說交往三個月內都只能看到假的一面也不為過。我將這種狀態稱為「**假性男友**」。剛交往時的假性男友，和過了三個月之後的男友，兩者在態度上會有很大不同。

例如：交往三個月內總是記得女士優先，結果過了三個月次數便逐漸減少；或是原本都很大方，之後卻很計較等等。「奇怪，總覺得跟一開始不太一樣」應該很多人有過這種經驗吧。

這並不是他變了，只是他漸漸露出本性。

❷經過三個月開始可以冷靜看待對方

經過三個月，一開始臉紅心跳的感覺開始歸於平淡。

原本對他神祕的部分心動不已，現在則可以冷靜思考：「也許不該在認識得不夠深入時就交往。」或是原本覺得他運動時的神情很帥而交往，之後卻開始覺得「又不常看到他運動的樣子，而且他也不是職業選手，隨便啦。」

然後就會因為「感覺還是不對」而和對方分手。

所以妳必須有所認知，前三個月他都只是「假性男友（偽裝的一面）」。

了解本性之後再考慮是否續約

這麼一想，彷彿聽見了「如果不了解對方的本性，就無法好好交往」的聲音。但這也是沒辦法的事。不可能才剛認識沒多久，就瞬間看穿對方所有的本性。

我也曾經遇見本來覺得很有男子氣概的人，過了三個月開始會到對方家之後，發現他幾乎每天都要和媽媽講電話，煮飯給他吃他還會說「我媽的調味會再甜一點」之類，根本是個媽寶。

另外還有看似生活寬裕的人，之後卻發現其實欠了一屁股債。

因此我們該做的，**是在認知到前三個月只是「假性男友」的情況下，也依然愛著對方**。

不要認為交往沒多久的狀態，就是他的全部。

但「喜歡他」這件事不會因而改變，所以**充分享受與對方的交往很重要**。

如果不這麼做，好不容易獲得和他相處的寶貴時間，就會在猜疑與不安中度過。

過了三個月，當對方卸下假性男友的偽裝，露出本性之際，就是妳決定是否續約的時候。與「他」之間的合約是該就此結束，或是繼續簽署長期合約，又或是看情況再簽一紙三個月的合約……

這就交由妳自己決定了。

一旦對方卸下假性男友的偽裝，露出女方不喜歡的那一面，有些人會選擇不續約，也就是分手。

這也是一種選擇。但希望大家可以不要因為他露出妳不喜歡的一面，就急著馬上中止合約。

因為合約對象（男方）可能會因為我方的談判，而提出讓我們覺得可以續約的好條件也不一定。換句話說，他也可能在經過溝通之後改變。

對於開始疏忽女士優先的男性，如果向他說：「你之前都會很紳士地禮讓我，我真的很開心！希望你之後也可以繼續保持♥」也許他會再繼續努力。

希望大家可以挑戰表達自己的想法三次。

如果對方露出的本性不是媽寶個性、家暴或精神暴力這種「我們完全無可奈何」的一面，而是似乎可以透過努力改變的部分，希望大家一定要在終止合約前先溝通。

三個月又一天才是真正的交往起始日。

不要將自己的原則視為鐵則

每個人都有自己訂下的原則，這是那個人在至今為止的人生中，累積各種經驗後訂下的個人原則。

和戀愛相關的原則像是「約會地點要由男性決定」、「每天一定要回一次LINE訊息」等等。這種個人主觀的原則隱藏著危險性，那就是**容易將自己的原則硬套到別人身上**。

個人原則是那個人根據過往的經驗所訂下的規則，對當事人而言，這樣的原則是非常理所當然的事（常識）。

因此如果遇見不符自己常識的人，就會逼迫對方「應該要遵守規則」。

不過相反地，對方也會有屬於自己的原則。如果忽視這一點，強將自己的原則視為鐵則，就會變成在逼迫彼此遵守自己的原則，讓兩人的關係產生裂痕。

另外還有一個原因會讓人硬套自己的原則到別人身上。那就是**覺得個人原則是「為了保護自己而存在」**。

有許多個人原則是為了避免自己受傷，或是曾經受過傷，為了避免重蹈覆轍而訂下的規則。要是打破這些原則，自己可能就會受傷，因此會固執地不願改變。

例如「一定要一天回一次ＬＩＮＥ訊息」這條規則，有些人是肇因於之前的男友都不主動聯絡他，結果最後發現對方其實劈腿，基於這樣的經驗，只要對方沒有聯絡就會感到不安。

這就是因為不想再像前男友那時一樣因對方劈腿受傷，因而立下的個人規則。

因此請大家重新思考：為什麼妳的內心會有這幾條戀愛守則。只要妳察覺自己是基於什麼樣的想法才定下這條規則，也許反而會覺得刪去這條也沒關係，或是找到可以改變的部分，讓自己不再因牢不可破的原則感到痛苦。

如何創造屬於兩人的原則

當自己的原則與對方的原則起衝突時，該怎麼辦呢？

假設「希望對方每天回我ＬＩＮＥ」的原則，和「ＬＩＮＥ三天傳一次就好了」的原則產生衝突。

如果是妳會怎麼做呢？是以對方的快樂為考量讓步，或是強力堅守自己的意見呢？

這種時候就需要雙方溝通。最後可能是自己的意見取得共識，也可能是對方的意見取得共識。

又或者是出現「兩天傳一次ＬＩＮＥ」的第三方案。

重要的是，**在彼此都同意且接受的基礎之上，個人原則才會成為「兩人的原則」**。

如果覺得溝通過程很麻煩就跳過不溝通，結果就是會讓某一方心生不滿。當不滿累積得愈來愈多，雙方便會漸行漸遠，最後導致分手。

不要將自己的原則視為鐵則，而是在雙方溝通之後創造屬於兩人的原則。而這些原則如果有彈性和調整空間，兩人的關係就可持續長久，且非常穩定。

不要爭論哪一方才是正確的，而是創造屬於兩人的原則。

徹底傾聽對方的「為什麼」

「為什麼你會這麼想」、「為什麼你要這麼做」，**如果能夠仔細傾聽對方的「為什麼」，就可以理解對方的想法和行動。**如此一來，便可以減少兩人之間的誤會或一廂情願，才能成為可以安心度日的關係。

接下來談的內容關乎個人原則。假設有位男性的個人原則是「ＬＩＮＥ三天傳一次就好」。

這時候大部分不開口詢問「為什麼」的女性，都會擅自認為「三天才傳一次ＬＩＮＥ，代表你根本不喜歡我。」這不但是誤會，也是自己先入為主的想法。

如果問對方「為什麼你覺得三天傳一次LINE就好？」他也許會回答：「我不太習慣打字」、「工作很忙沒辦法滑手機」、「我不喜歡用LINE」。這樣就可以得知對方為什麼不想多傳LINE，不再先入為主地認為「他不夠喜歡我」，而放下心中的石頭。

另外，被女性詢問「為什麼」，對男性而言其實是一件開心的事。不要光只是劈頭就否定他們的意見，或是強加自己的想法在他們身上，而是要詢問他們「為什麼」，**男性會認為這是「女性想要理解他」的表現**。對男性而言，這件事非常值得開心。

想要理解對方的想法，等於重視對方的想法，也代表妳願意重視那個人本身。

希望大家注意一點：**「嘗試理解對方」和「只要是對方的意見都來者不拒」**

是兩回事。

「我明白為什麼你覺得ＬＩＮＥ三天傳一次就好」和「我接受ＬＩＮＥ三天傳一次就好」不一樣。

理解對方的想法之後就遵從對方所有的意見，會讓妳陷入不幸中。當妳問了對方「為什麼」，並覺得自己可以打從心裡接受，就遵從對方的意見沒關係。如果內心無法接受，那就不需要勉強自己接受對方的意見。

懂得詢問「為什麼」，就可以告別自我中心的戀情。

交給對方「我的使用說明書」

做什麼事會讓妳感到開心、做什麼事會讓妳感到不悅，每個人的標準都不一樣。**在交往初期就告訴對方妳會因為什麼事情而開心，或是該如何對待妳，就像交給對方一本「我的使用說明書」一樣**，非常重要。

這麼做就能讓他了解該如何讓妳開心，或是更精準地採取行動，他也會因此感到幸福。

我聽了與男友相處不順利、心有不滿的學員們談話的內容，感想是有許多人都沒有交給對方這本「我的使用說明書」。

背後的原因大概是女性所抱著「不用明說他就懂，才叫做真愛」、「如果他真的愛我，就應該要能從我的態度理解我想要什麼」的想法吧。

可惜的是，只要男性不是會讀心術的超能力人士，就不可能做到「就算女性不說，也能讀懂她的想法」。**愛得多深、心意多真，無關乎能否讀懂對方的想法**。

如果在妳周遭有「了解女友的一切，就算女方不明說想要什麼，也會替她做到的男性」，那麼他難道是超能力人士嗎？並不是。這是因為他的女友有確實告訴他「讓我開心的方法、如何對待我」所產生的結果。

有一些女性認為「還要我說了對方才做，不就沒有意義了」、「如果直接告訴他我想要什麼，感覺就輸了」。我可以理解這種感覺，但希望大家知道，**愈是真正深愛對方的人，愈是不會任意判定對方在追求什麼**。

例如「生日時給對方驚喜祝福」這件事，可能有人會認為，只要是女性都會覺得開心。

但事實上卻有些女性會認為：「在餐廳突然唱起生日快樂歌，旁邊的人都在看很丟臉，感覺很討厭。」

願意深入理解對方會因為什麼事而開心的人，就會知道世界上存在著有上述兩種反應的女性。愈是願意深入理解對方的男性，就愈是難向他說明什麼叫做「不用我開口你就應該懂」。

因此，我們應該要認清：「愛妳」和「不用妳開口就能懂妳」是兩回事。

當對方不願收下「我的說明書」時

有時候即使妳遞給對方使用說明書，對方也會拒收。

當對方拒收時不要生氣，好好溝通吧。

就算他現在無法理解妳為什麼希望他收下說明書，也許之後他會明白，又或者他會想要試著理解而做一些努力。

換句話說，他具有改變的可能性。

為此，妳也應該思考表達的方式。只是一味「希望你能這麼做」，男性也會感到厭煩。

所以妳可以告訴他，這麼做的話，也許會有什麼樣的好事發生。像是「驚喜會讓我很開心，我會更喜歡你」之類，告訴對方「這對你而言也有好處」。

而當他做了妳希望的事情時，一定要打從心底感到開心。

然後透過言語或行動，將這份喜悅簡單明瞭地傳達給對方。

看見妳開心，就會想讓妳更開心，男性會因此更加努力。

此外，不要只是交給對方自己的使用說明書，也要和對方索取他的使用說明書。有來有往的關係非常重要。

十個人就會有十種使用說明書。

讓自己成為他的興趣之一

興趣的共同點是「讓人沉迷」、「為自己帶來正面效果」、「能學到東西」、「會產生好奇心」、「不覺得厭倦」。

只要符合上述其中一項，就會成為興趣。如果符合數個項目，或是全部符合，就是最鍾愛的興趣。

只要妳成為他的興趣之一，他就會愈來愈喜歡妳。為了更加享受這項興趣，他會自己用盡各種方法努力。

❶「為他帶來正面效果的女性」

能夠療癒他的女性、能讓他安心的女性、讓他充滿期待的女性，或是在一起時很開心的女性。正面效果種類各異，族繁不及備載。

舉例來說，想成為「讓他覺得在一起很開心的女性」，就玩一些只屬於兩人的遊戲。

像是只有你們才知道的手部遊戲，或是偷偷大幅減輕他重訓用的啞鈴重量等遊戲，玩一些只屬於你們兩人的祕密遊戲，就會讓他產生「要再來玩那個嗎？」的期待感。

❷「能學到東西的女性」

會深入探詢「為什麼」的女性、能告訴他自己的長處的女性，能幫助他了解自己尚未察覺的本質及優點的女性。

自己的長處或本質很難單憑自己發現。

如果最親近的女友可以告訴他自己有什麼長處、協助他了解自己的本質，就可以學到很多東西。

❸「令人產生好奇心的女性」

只要能夠確實展現「自我」，就能成為「自然而然令人產生好奇心的女性」。這是因為每個人天生就不同，不可能完全理解另外一個人。所以只要展現自己的信念或自己的想法，就會產生與他明顯的不同之處，成為他「想要了解更多」的存在。

❹「不覺得厭倦的女性」

令人不覺得厭倦的女性是會產生改變的女性。只要誠實面對自己，順從本心而活，人就會自然而然產生改變。和持續改變的女性在一起，男性便不會感到厭倦，且對於該位女性的改變充滿期待。

最不會讓男性感到厭倦的，**就是能夠適當接納男性給予的東西，且將之後的改變呈現給他看的女性**。

讓他愛上每一天都是全新的我。

從三個月又一天開始徹底改變看待他的方式

之前已經說過，人會在相處約三個月這段期間漸漸露出本性，因此建議滿三個月前將對方當作「假性男友」交往。

當作「假性男友」交往這件事，指的是在交往的同時，也將其他男性納入考量範圍內。

這不是鼓勵大家腳踏兩條船，而是為了徹底看透對方的本性，而思考與其他男性交往的可能性。這麼一來，便可以客觀冷靜地看待對方。過了三個月，已經某種程度看穿對方的本性後，如果決定和這個人繼續走下去，**就必須從這時開始徹底改變妳看待他的方式**。

之後面對他時，眼光要從「假性男友」改為「結婚對象」。

從三個月又一天開始將對方視為「結婚對象」，意思是聚焦在**與他的未來上**。

開始將他視為「結婚對象」之後，當然還是必須保持客觀與冷靜的視角。要是因為「我已經決定他就是結婚對象了！」而失去冷靜，就可能失去對他本性的注意力，而導致自己的痛苦。因此要先將這點謹記在心，再邁向通往結婚之道。

具體而言，首先是決定妳和他想要共創什麼樣的未來。**決定好未來藍圖之後，再「往回推算」為了達到這樣的未來，應該建立哪些計劃**。

假設妳和他的未來藍圖是「二〇二一年八月要生小孩」。而「在生小孩之前，希望享受兩人小世界，所以要在二〇二〇年四月舉行婚禮」、「也就是說大概要在二〇一九年六月登記結婚」、「那就在二〇一九年四月求婚」、「希望雙方父母在二〇一九年四月求婚前可以先見過面。那就安排雙方父母在二〇一八年十二月以前見面吧」，像這樣一步一步往回推算。

這不需要兩個人一起決定，就當作是一個理想放在心中吧。

雖然即使不做這些推算也能邁向結婚，但實現的速度就會完全不同。

另外，許多男性並不如女性這麼認真看待結婚這件事。因此如果將婚事交給男性，容易變得遙遙無期。為了不讓事情演變至此，女性必須建立起抵達理想婚姻前的計劃，並採取具體行動。

到了第三個月又一天時，試著規劃妳想要的未來藍圖，思考適合自己的計劃。這裡的重點在於以「如果可以實現就好了」的心情來決定。當妳的行動徹底改變，妳的未來也會跟著徹底改變。

三個月的紀念日是描繪出理想，再往回推算的日子。

淪為「老媽子」的女性VS.永遠是「最愛的女人」的女性

淪為「老媽子」，意指囿於「社會普遍常識（外界的眼光）」，而叮嚀對方一言一行的女性。

雖然不能說所有的媽媽都是這樣，但許多日本媽媽都是在社會普遍常識的框架下養育孩子。「你這樣做會被周遭的人討厭」、「這樣會帶給身旁的人困擾所以不可以」等，她們叮嚀的內容經常是普遍性的意見。

所以如果妳也做了同樣的叮嚀舉動，就會很像「老媽子」。

為了不落入這種境地，**思考時不要從普遍的意見或外界的眼光出發，而是以「我」的角度表達**。例如改為這樣的句子：「要是有人做了這種事，我會覺得很討厭」、「真希望大家都能成為體恤他人的人」。

這些是從「我」的視角表達，因此妳也必須是真的這麼認為。

如果妳只是在意外界的眼光，卻以「我」的角度表達，內心和言語之間會產生矛盾，既無法打動對方的心，當對方反問「為什麼」時，也只能搬出普遍性的意見：「因為這樣做，大家都會覺得討厭啊！」

如果不以他人怎麼想，而是從我怎麼想的視角出發，即使叮嚀他，也不會淪落為「老媽子」。

另外，**「無法等待」也是女性淪為「老媽子」時的特徵**。

「去做這個、去做那個」、「這個你做了嗎？那個你做了嗎？」像這種等不及對方自行動作，就每件事都要下指令、再三確認的行為，和媽媽對待孩子的方式一模一樣。

假設有一位男性襪子脫了就亂丟，妳跟他說「襪子脫下來要放進洗衣機裡」，他卻沒有反應，妳便受不了地一邊抱怨：「搞什麼！」一邊放進洗衣機。這種互動方式反覆個幾次之後，妳就會淪為「老媽子」。

我想這類型的女性應該很多。為了不要變成這樣，**必須「忍耐不出手」**。那裡掉了一隻襪子，妳可以出言提醒他，但不可以自己幫他收拾。這種忍耐是必要的。

「能不能相信他會成長」和「有沒有辦法等待」，這其中的差別，決定了妳會成為「老媽子」，或是願意相信他、讓他自己成長的最愛的女人。

男性的訓練方式

等待男性成長時最重要的是**當他做到的時候要誇獎他**。

以前一節的襪子為例，當他自己將襪子放進洗衣機裡時，要很誇張地表現感動，就算他只是一時興起才這麼做的也沒關係。「哇！襪子竟然在洗衣機裡耶！你好棒！我好開心！你果然只要想做就做得到嘛！最喜歡你了！」試試像這樣表現得很誇張。這麼做就像在哄小孩一樣，但卻是很有效的方式。

還有重要的是，就算隔天他沒有做到，也不可以說出否定的句子。「昨天明明做得到」、「為什麼今天沒有這麼做？」像這些千萬不能說出口。

男性非常喜歡當他做到時，會誇張地給予讚美的女性。

我認識一對情侶，男方大概每三次會有一次忘記放下馬桶坐墊。每當他忘記時，女方就會怒吼「你又沒放下坐墊了！」該位男性表示：「三次裡面我記得兩次，所以希望她不要因為忘記的那一次對我怒吼，而是為我記得的那兩次稱讚我。」說得實在很中肯。

最後該位男性直到分手前，都沒有改掉掀起馬桶坐墊後不放下的習慣，還因為覺得女方愈來愈像老媽子而對她感到厭煩。

也許女性會辛苦一點，但稱讚男性、幫助他成長的話，就不會淪為「老媽子」，而是成為他最愛的女人。

「忍耐不出手」就是持續被愛的祕訣♥

光是和妳在一起，就是他的幸福保證

截至目前，我已經傳授了許多技巧。

想要談一場幸福的戀愛該怎麼做、想和優質男性交往該怎麼做、交往之後該怎麼延續幸福的日子。

只要實踐本書介紹的內容，就可以和最喜歡的他在一起，一定會獲得幸福。同時，**和這樣的妳在一起，男性也保證可以獲得幸福**。

這是因為之前傳授的那些方法裡，**都隱藏著「我會讓你幸福喔」的訊息**。自己為了想和優質對象交往，並獲得幸福所使用的方法，其實也是「帶給對方幸福的方法」。

女性總是有著「希望他帶給我幸福」、「希望他愛我」、「希望他給我更多愛」這種希望男方「給予」的想法。

但是，**幸福是「兩個人」共同創造的。**

和優質男性交往的原因也不該只有「讓自己可以獲得幸福」，而是要包含「讓兩人可以一起獲得幸福」的想法。

想要讓兩人一起獲得幸福，就必須讓他也感到幸福。**對於帶給自己幸福的女性，男性也會發誓要讓她獲得幸福。**

能夠在「人生這個層級」帶給他幸福的，不是雙親或家人，而是妳。

這是因為家人會以他「當下」的幸福為優先，無法忍受看到他痛苦。這些痛苦與傷痛，以「人生」這個長遠的目光來看，會成為幸福的養分，但身為家人會很難以這樣的視角看待。

所以家人會希望他追求穩定，希望他一直待在安全的地方。這是血脈相連的強烈關係下莫可奈何的事。

但如果身為伴侶的妳也站在和家人一樣的視角，只追求他的穩定，那和他單身時也沒什麼兩樣。

意思是：和妳在一起就沒什麼意義了。

兩個人一起獲得幸福，代表的是彼此成長。

因此要相信當下的不穩定或痛苦，都是為了他的將來，他一定可以跨越，兩人一定可以攜手跨越。就某種意義而言，有一種存在可以冷靜地從「人生這個層級」思考他的幸福，那就是伴侶（妳）。

除了家人以外與他最親密的妳，如果可以站在這樣的角度，就是他的幸福保證。

妳要比任何人都更信賴他的人生♥

後記

感謝各位看到這裡。

拿起這本書時，應該有許多人都被「操控想像」這種偏激的書名嚇到吧。

但是隨著閱讀本書，「操控想像」這件事並不是天外飛來一筆，或是短視近利的小把戲，而是為妳和他創造真正幸福的方法，「在他心中創造出擁有幸福未來的可能性」，不知各位讀者是否理解了呢？

這並不只是希望他帶給我幸福，也是「『我』會帶給你幸福」的宣言。

有幸撰寫這種戀愛書籍的我，直到不久的兩年半前，都還只是在旅行社工作的普通上班族。

極其平凡的我，唯一與人不同之處在於「三歲起就開始談戀愛的體質」，至今已談過無數次的戀愛。

我想有些人會認為我這樣的人一定「很擅長戀愛」。

但至今為止，我未曾遇見像我一樣這麼執著於戀愛、把戀愛搞得這麼困難的女性。這說明了過去我身上關於戀愛的問題有多複雜。

向讀到最後的妳稍微透露一點，我曾經因為對方沒有和我聯繫而感到不安，所以在半夜三點打了四十六通未接來電給他（笑）。

這樣的我，因為厭倦了被戀愛支配的自己，而閱讀了大量戀愛書籍，以及向情場的資深前輩請教，深化自己的知識並加以實踐，進而習得了戀愛技巧。

習得戀愛技巧、扮演對方喜愛的女性，雖然讓我得以進展到交往，但技巧不過是暫時性的東西。開始交往後，擔心「也許他不會喜歡真正的我……」而害怕展現出自我，只好持續演下去。最後這種偽裝愈來愈辛苦，只得向對方主動提分手。我過去一直在重複這樣的循環。

之後我開始思考：「該怎麼做才能展現真正的我，從本質上和對方產生連結，進而結婚？」

最後我得到的答案就是「操控想像」。

透過這個方法，我和本質上真正擁有連結、最棒的伴侶結婚了，而許多學員也陸續獲得幸福。

這次，輪到妳了。

這本書會成為希望獲得幸福、溫柔善良的妳的戰友。

在這最後，我要感謝給予這本書誕生契機、擔任編輯的時奈津子小姐。因為時小姐說的「鶴岡小姐的經驗很寶貴啊！」這樣一句話給了我勇氣，我才得以堅持到最後完成本書。真的非常謝謝妳。也謝謝編輯助手秋元先生的熱情支持，非常感謝。

還有講座的學員和部落格的讀者，以及我的夥伴和家人，因為有您們的支持，我才能做為戀愛心理顧問努力至今。

我衷心地感謝大家。

這樣重新回顧之後，我感受到這是一本充滿「愛」的書。這是包含我在內，所有與這本書相關的人，給予為戀愛苦惱的妳「希望妳幸福」的祝福。

身為女性，我們是比大家認為的更堅強、更溫柔、充滿愛的存在。

祝妳可以談一場「有妳的風格」的幸福戀愛。

我帶著由衷的愛祝福妳……❤

鶴岡李莎

操控他的想法，攻陷他的心

3次約會就讓他告白！100%成功的「想像」操控術

「妄想」を操る女は100%愛される♥

作　　者　鶴岡李莎
譯　　者　林佩玟
執行編輯　顏妤安
行銷企劃　高芸珮
封面設計　謝佳穎
版面構成　呂明蓁
發 行 人　王榮文
出版發行　遠流出版事業股份有限公司
地　　址　臺北市南昌路2段81號6樓
客服電話　02-2392-6899
傳　　真　02-2392-6658
郵　　撥　0189456-1
著作權顧問　蕭雄淋律師

2019年12月31日 初版一刷
定價 新臺幣280元

ISBN 978-957-32-8690-5
遠流博識網 http://www.ylib.com
E-mail ylib@ylib.com
（如有缺頁或破損，請寄回更換）

圖書館出版品預行編目(CIP)資料

操控他的想法，攻陷他的心：3次約會就讓他告白！100%成功的「想像」操控術 / 鶴岡李莎著；林佩玟譯 . -- 初版 . -- 臺北市：遠流 , 2019.12
面；　公分
譯自：「妄想」を操る女は100%愛される♥
ISBN　978-957-32-8690-5（平裝）

1. 戀愛 2. 兩性關係

544.37　　108020820